Exploring XPresso With CINEMA 4D R19

Pradeep Mamgain
Soni Verghese

Exploring XPresso With CINEMA 4D R19

© 2018 PADEXI Publishing. All rights reserved.

No part of this book may be reproduced, stored in a retrieval system, or transmitted in any form or by any means, without the prior written permission of the publisher, except in the case of brief quotations embedded in critical articles or reviews.

NOTICE TO THE READER

Examination Copies

Textbooks received as examination copies in any form such as paperback and eBook are for review only and may not be made available for the use of the student. These files may not be transferred to any other party. Resale of examination copies is prohibited.

Electronic Files

The electronic file/eBook in any form of this textbook is licensed to the original user only and may not be transferred to any other party.

Disclaimer

No patent liability is assumed with respect to the use of information contained herein. Although every precaution has been taken in the preparation of this book, neither the author, nor PADEXI, and its dealers and distributors will be held liable for any damages caused or alleged to be caused directly or indirectly by this book. All terms mentioned in this book that are known to be trademarks or service marks have been appropriately capitalized. PADEXI cannot attest to the accuracy of this information. Use of a term in this book should not be regarded as affecting the validity of any trademark or service mark.

Book Code: PDX002P

ISBN-13: 978-1986366571

ISBN-10: 198636657X

For information on all PADEXI publications, visit our website:

www.padexi.academy

Cover Image Courtesy: Carlos Sillero
https://www.freeimages.com/photographer/cwsillero-48168

Contents

Acknowledgements vii
About the Author ix
Introduction xi

Chapter X1: XPresso Editor X1-1
    Creating and Connecting Nodes in XPresso Editor X1-2
    XGroups X1-6
    XPresso Manager X1-8
    XPresso Pool X1-9
    XPresso Editor Menu Commands X1-11
        File Menu X1-11
        Edit Menu X1-11
        Layout Menu X1-12
        View Menu X1-13
        Custom Menu X1-13
        Calculate Menu X1-13
    XPresso Editor Contextual Menu Commands X1-14
        Contextual Menu Commands for Nodes and XGroups X1-15
    Tutorials X1-17
        Tutorial 1: Creating a Clock Rig X1-17
        Tutorial 2: Working with Set Driven Keys X1-22
    Quiz X1-25

Chapter X2: XPresso Nodes X2-1
    XPresso Class X2-2
        General Group X2-2
        Adapter Group X2-24
        Boole Group X2-27

Calculate Group	X2-28
Script Group	X2-39
Logic Group	X2-40
Iterate Group	X2-42

MoGraph Class X2-44

Falloff	X2-44
Motion Graphics Data	X2-46
Effector Node [Sample Node]	X2-47
MoGraph Selection	X2-47
MoGraph Weight	X2-47

Tutorials X2-48

Tutorial 1: Calculating Angle Between Two Input Vectors X2-48

Tutorial 2: Calculating the Normal Vector X2-51

Tutorial 3: Creating Bouncing Ball Animation X2-53

Tutorial 4: Generating a Random Integer Number Within a Specific Range .. X2-56

Tutorial 5: Creating a Digital Counter X2-60

Tutorial 6: Animating a Table Fan X2-63

Tutorial 7: Dynamically Controlling Effector Weight X2-67

Tutorial 8: Tracking Dynamic Clones with Camera X2-69

Tutorial 9: Baking Animations With the Help of Global Matrix Data X2-72

Quiz X2-74

Challenges X2-76

Challenge 1	X2-76
Challenge 2	X2-77
Challenge 3	X2-77
Challenge 4	X2-77
Challenge 5	X2-77
Challenge 6	X2-77
Challenge 7	X2-78

Appendix: Quiz Answers A-1
Index I1

Acknowledgments

I would like to express my gratitude to the many people who saw me through this book; to all those who provided support, offered comments, and assisted in the editing, proofreading, and design.

Thanks to:

Parents, family, and friends.

Teachers and mentors: Thank you for your wisdom and whip-cracking—they have helped me immensely.

I am grateful to many students at the organizations where I've taught. Many of them taught me things I did not know about computer graphics.

Everyone at MAXON [www.maxon.net].

Finally, thank you for picking up the book.

This page is intentionally left blank

About the Author

I'll keep this short, as I know your primary interest is to create node networks using XPresso, not to hear all about me. I am a digital artist, writer, coder, teacher, consultant, and founder of PADEXI.ACADEMY. I am self-taught in computer graphics, Internet has been the best source of training for me [thanks to those amazing artists, who share the knowledge for free on YouTube]. I have worked with several companies dealing with animation and VFX in India. I love helping young aspiring 3D artists to become professional 3D artists. I helped my students to achieve rewarding careers in 3D animation and visual effects industry.

I have more than ten years of experience in computer and animation industry. I am passionate about computer graphics that helped me building skills in particles, fluids, cloth, RBD, pyrotechnics simulations, and post-production techniques. The core software applications that I use are: Maya, 3ds Max, CINEMA 4D, Photoshop, Nuke, and Fusion. In addition to the computer graphics, I have keen interest in web design/development, digital marketing, and search engine optimization. You can contact me by sending an e-mail to **pradeepmamgain@gmail.com**.

About the Contributing Author

Here is the contributor author in her own words.

Soni Verghese

I am a freelance digital artist, trainer, and instructor with years of experience in computer graphics and web design. I love working with computer graphics because the job never gets boring. There is always something new to learn or new ideas to implement. I thank the PADEXI team for their inspiration and professionalism. I thoroughly enjoy being part of the PADEXI team.

This page is intentionally left blank

Introduction

The **Exploring XPresso With CINEMA 4D R19** textbook introduces readers to the **XPresso** module of the CINEMA 4D which is a node-based visual scripting language. This textbook covers **XPresso Editor** and different nodes of the **XPresso** and **MoGraph** classes and takes you step-by-step through the whole process of building node networks in **XPresso Editor**. Numerous examples are used to show the functioning of the nodes.

What are the key features of the book?

- **XPresso Editor** and node-based approach explained.
- Nodes under the **XPresso** and **MoGraph** classes explained.
- Contains **30+** examples and **10+** standalone tutorials.
- Contains challenges to test the knowledge gained.
- Additional guidance is provided in form of tips, notes, and cautions.
- Content under **"What just happened?"** heading explains the working of the instructions.
- Tech support direct from the author.
- Access to each tutorial's initial and final states along with the resources used in the tutorials.
- Quiz

Who this book is for?

This book is designed for the beginners and intermediate users of CINEMA 4D.

Prerequisites

Before jumping into the lessons of this book, make sure you have working knowledge of your computer and its operating system. Also, make sure that you have installed the required software and hardware. You need to install CINEMA 4D R19 on your system. Most of the tutorials will work in R17 and R18 as well.

Windows vs. Mac OS

This book is written using the **Windows** version of the CINEMA 4D. In most cases, CINEMA 4D performs identically on both Windows and Mac OS. Minor differences exist between the two versions such as difference in keyboard shortcuts, how dialog boxes/windows are displayed, and how buttons are named.

How This Book Is Structured?

This book is divided into following chapters:

Chapter X1, XPresso Editor, introduces you XPresso Editor and node-based workflow. You will learn how to link properties and parameters, how to create user defined sliders, and how to creates XPressions using the Set Driven concept.

Chapter X2: XPresso Nodes, introduces you to the nodes under **XPresso** and **MoGraph** classes with help of the numerous examples and tutorials.

Conventions

Icons Used in This Book

Icon	Description
💡	**Tip:** A tip tells you about an alternate method for a procedure. It also show a shortcut, a workaround, or some other kind of helpful information.
📝	**Note:** This icon draws your attention to a specific point(s) that you may want to commit to the memory.
⚠️	**Caution:** Pay particular attention when you see the caution icon in the book. It tells you about possible side-effects you might encounter when following a particular procedure.
❓	**What just happened?:** This icons draws your attention to working of instructions in a tutorial.
→	**What next?:** This icons tells you about the procedure you will follow after completing a step(s).

Given below are some examples with these icons:

> 💡 *Tip: Moving Nodes Using Keyboard*
> You can also move nodes using the arrow keys on the keyboard.

> 📝 *Note: Navigating in XPresso Editor*
> To pan and zoom in **XPresso Editor**, **LMB** drag the pan or zoom icon on the top right corner of **XPresso Editor**. Alternatively, you can use the **Alt+LMB** drag to pan and **Material ManagerB** scroll to zoom in or out in **XPresso Editor**.

Caution: Bounding Box node
*The **Bounding Box** node only works with the polygonal objects. If you turn on the **Use Deformed Points** switch in the **Attribute Manager | Bounding Box | Node** tab, CINEMA 4D will also consider deformed points while calculating the bounding box to ensure that accurate result is calculated.*

What just happened?
*Here, I have remapped current frame range **0** to **90** to the number of clones. The **Count** port outputs number of clones present. The **Time** port outputs the current time in seconds since the start of the animation and the End port outputs the end frame of the animation.*

What next?
*Now, to calculate the **Global Position** vector of the **Cone**, we will use the Mix node to mix the position vectors of Nulls.*

Important Words
Important words such as menu name, node name, name of the dialogs/windows, button names, and so forth are shown in bold. For example:

Hover the cursor on any of the sides or corners of a node and when the mouse pointer changes to two headed arrow, LMB drag to change the size of the node. Click on the red port of the **Cube** and then navigate to **Coordinates | Rotation | Rotation**. The **Rotation** port appears on the **Cube** node.

Trademarks
Windows is the registered trademarks of **Microsoft Inc**. **CINEMA 4D** is the registered trademarks of **MAXON Computer**.

Access to Electronic Files
This book is sold via multiple sales channels. If you don't have access to the resources used in this book, you can place a request for the resources by visiting the following link: *http://www.padexi.academy/contact*. Fill the form under the **Book Resources [Electronic Files]** section and submit your request.

Customer Support
At **PADEXI.ACADEMY**, our technical team is always ready to take care of your technical queries. If you are facing any problem with the technical aspect of the book, navigate to *http://www.padexi.academy/support* and open your support ticket.

Errata

We have made every effort to ensure the accuracy of this book and its companion content. If you find any error, please report it to us so that we can improve the quality of the book. If you find any errata, please report them by visiting the following link: *http://www.padexi.academy/errata*.

This will help the other readers from frustration. Once your errata is verified, it will appear in the errata section of the book's online page.

THIS CHAPTER COVERS:

- Node based approach of **XPresso Editor**
- Link properties and parameters
- User defined sliders
- XPressions

XPresso Editor

CINEMA 4D comes with an integrated language called C.O.F.F.E.E., but many command group artists do not delve into it because of the fear of programming. I have met some CINEMA 4D artists who never touched XPresso. If you have never used XPresso before, it might look little complex to you but with a little practice you can create some cool animations very easily. XPresso is an easy to use alternative to C.O.F.F.E.E. that allows you to create expressions using a graphical interface. You can also call it a node-based programming approach.

XPresso is a node based system in CINEMA 4D that is used to create automated object interactions. You can create these interactions by drawing wires [also referred to as lines] from one object to another. From rotating fan blades, propellers to the bouncing ball, from clock mechanism to organic movement of a jellyfish, XPresso allows you to create animations with lots of ease.

These animation behaviors are called XPresso Expressions. To build an expression, you need to first create required nodes and then connect ports of the nodes using wires [lines]. The nodes then pass values to output or input ports using these wires.

Creating and Connecting Nodes in XPresso Editor

XPresso nodes are the basic building blocks of XPresso Expressions. A node represents an object or a function. Various nodes are connected together to perform one or more functions. This set of nodes is called XPresso Expression. To create a new expression in **XPresso Editor**, create the required nodes and then make connections between them by drawing lines from one node to other nodes.

These lines are also called wires. You can connect the parameters of one object with the parameters of other objects by specifying input and output ports on the nodes. Once you establish connections between the ports, you can control the data flow in the node tree.

XPresso might look daunting at the first glance but do not get nervous; as you go along you will soon realize that it is a must have arsenal in any CG artist's armory. Lets take a look at **XPresso Editor**.

1. Start a new scene in CINEMA 4D. Create two **Cube** objects and a **Null** object in the scene. Select the **Null** object in **Object Manager** and then choose **Tags | CINEMA 4D Tags | XPresso** from **Object Manager** menu to add an **XPresso Expression** tag [Fig. 1]. This action also opens **XPresso Editor** [Fig. 2].

2. Drag the **Cube** and **Cube.1** objects from **Object Manager** to **XPresso Editor**. Click and drag on the title bar of a node to place the node freely in **XPresso Editor**.

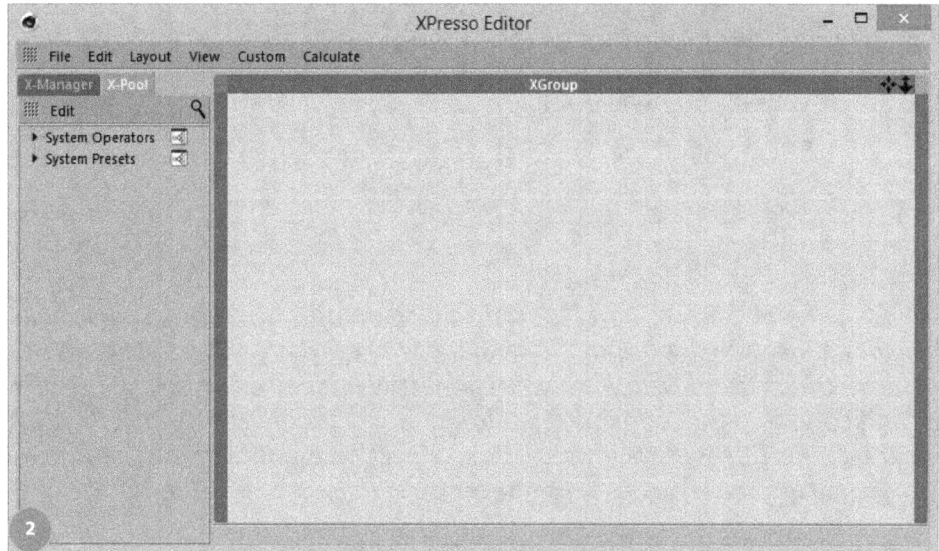

> *Tip: Moving Nodes Using Keyboard*
> *You can also move nodes using the arrow keys on the keyboard.*

> *Note: Navigating in XPresso Editor*
> *To pan and zoom in **XPresso Editor**, **LMB** drag the pan or zoom icon on the top right corner of **XPresso Editor**. Alternatively, you can use the **Alt+MMB** drag to pan and **MMB** scroll to zoom in or out in **XPresso Editor**.*

3. Hover the cursor on any of the sides or corners of a node and when the mouse pointer changes to two headed arrow, LMB drag to change the size of the node. Click on the red port of the **Cube** and then navigate to **Coordinates | Rotation | Rotation**. The **Rotation** port appears on the **Cube** node.

4. Click on the blue port of the **Cube.1** node and navigate to **Coordinates | Rotation | Rotation**. The **Rotation** port appears on the **Cube.1** node. LMB drag the **Rotation** output port of the **Cube** object. Notice that a wire appears; drag the wire to the **Rotation** input port of the **Cube.1** node to make a connection between them.

5. As you drag the line, it snaps to the **Rotation** output port of the **Cube.1** node when the mouse pointer is close to it. This action connects the the **Rotation** output port of the **Cube** object to the **Rotation** input port of the **Cube.1** object [Fig. 3].

An output port may be connected to multiple input ports, thus enabling you to pass the same value to several nodes or XGroups. However, an input port may have one connection only.

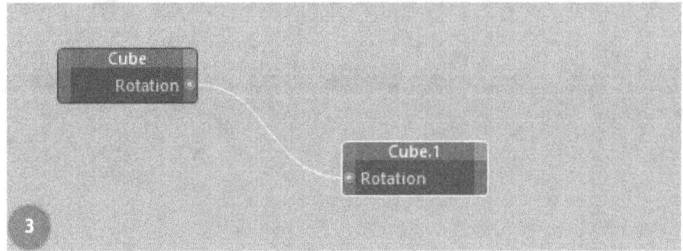

> **Caution: Invalid Connections**
> You can not connect ports that have incompatible data types. Also, you can not connect the input ports together or the output ports together. Wires are color coded to indicate whether a connection is allowed or not. The green color indicates that the connection is allowed whereas dark grey color indicates that the connection is not allowed. If the connection is not allowed, the wire will be deleted as soon as you release the mouse button.

6. Rotate **Cube** in the viewport. This action rotates **Cube.1** as well because we have established a relation between the **Rotation** parameters in **XPresso Editor**.

> **Caution: Rotation Values in XPresso Editor**
> By default, CINEMA 4D's nodes use angular values from **0 to 2*Pi**. If you want to use degrees [**0 to 360°**], use the **Degree** node to convert from radians to degrees, and vice versa.

Notice in Fig. 3, the ports are denoted by circles. The ports that fall under blue square are inputs nodes and they receive data from the another nodes or XGroups. You will learn about XGroups later in this section. The ports that fall under red square are output nodes and they supply data to another nodes or XGroups.

7. Double-click on the title bar of the **Cube** node to minimize it. Double-click again on the title bar of the **Cube** node to maximize it. Select **Cube.1** node in **XPresso Editor**. Turn off the **Enabled** check box in the **Basic** tab of **Attribute Manager** to disable the node.

In the Basic tab, you can use the **Title Color** attribute in **Attribute Manager** to change the color of the title bar of a node. You can enter the name of the object in the **Name** field. If you want to enter comments about a node, enter them in the **Remark** field.

8. In **XPresso Editor**, RMB click on the **Cube.1** node and then clear **Disable** from the menu to re-enable the **Cube.1** node. Drag a marquee selection over both the nodes to select them. Alternatively, you can **SHIFT+LMB** click on the nodes to select multiple nodes. If a node has unconnected ports, these ports are shown in **Attribute Manager** and you can specify values for the parameters associated with the unconnected ports.

9. RMB click in the empty area of **XPresso Editor** and then select **New Node | XPresso | Logic | Compare** from the menu [Fig. 4] to add the **Compare** node.

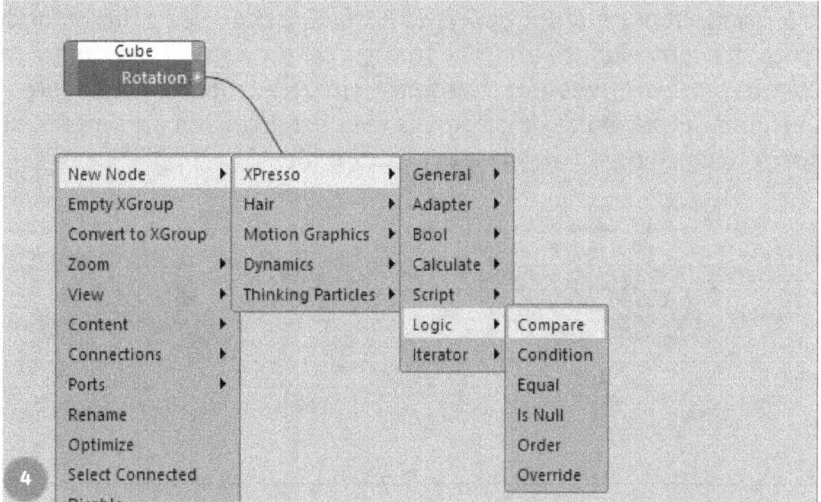

10. Connect the **Rotation** output port of the **Cube** node with the **Input 1** port of the **Compare** node. Notice in the **Parameter** tab of the **Compare** node in **Attribute Manager**, the unconnected **Input 2** port is represented by the **Input 2** field in this tab. If you do not want to connect a port with the **Input 2** port, you can specify a value for it in **Attribute Manager**.

11. Hover the cursor on the circle that represents the **Rotation** port of the **Cube.1** node, a tool tip appears [Fig. 5]. The tooltip shows the name of the port as well as the data type associated with the port, **Vector** in this case. This information is also displayed in **XPresso Editor** status bar. If the status bar is not visible, choose **Layout | Show Status Bar** from **XPresso Editor** menubar. The status bar is located at the bottom of **XPresso Editor**.

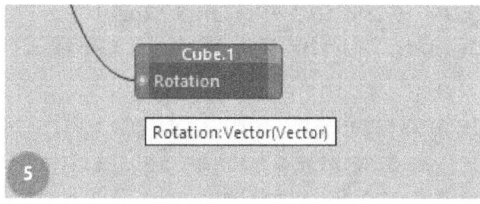

12. Double-click on the circle that represents **Input 1** of the **Compare** node to disconnect the **Cube** and **Compare** nodes. You can also disconnect the wires by dragging and dropping wires on the empty space.

13. **ALT+LMB** drag the **Input 2** label of the **Compare** node and place it above the **Input 1** label to change the vertical orders of the ports. Select the **Compare** node and then press **Delete** to remove it from **XPresso Editor**. Remove the connection between the **Cube** and **Cube.1** nodes and then double-click on the **Rotation** port of the **Cube** node to remove it.

> **Tip: Ports**
> The ports are marked in **Attribute Manager** [Fig. 6] to easily distinguish which ports are input ports, output ports, or both. The triangle on the left of the square represents active input ports, the triangle on the right of the square represents active output ports where as the square with the double triangle represents both input and output ports. If no port is connected with a parameter, only circle appears. Check the **x1-input-output.c4d** file.

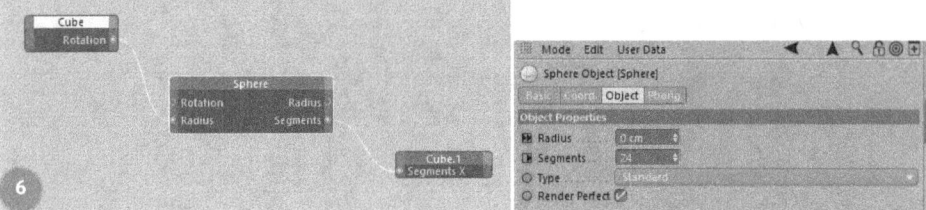

XGroups

You can combine several nodes in a group called XGroups. XGroups are the containers for nodes. They help in organizing nodes in **XPresso Editor**. You can even nest XGroups. An XGroup can be connected to other nodes and other XGroups. The XGroups can be saved to reuse them in other projects. You can navigate nodes in XGroup in a similar way as you do in the viewport. Alternatively, you can use the move and zoom buttons located on the top left corner of the **XGroup** node. To minimize a XGroup, double-click on its title bar. Double-click again to maximize it.

To select a group click on its title bar. To select multiple XGroups, drag a marquee selection over them. Alternatively, you can select an **XGroup** and then **SHIFT+LMB** click on the XGroups you need to select. You can add ports to a XGroup like you add ports to a node by using the red and blue squares.
Given below are the steps to use the XGroups in **XPresso Editor**:

1. Create a new scene and then add a **Null** object in the scene. Add an **XPresso** tag to the **Null** object, as discussed earlier. Select the **X-Pool** tab in the **XPresso Editor** and then navigate to **System Operators | XPresso | General**. Next, LMB drag the **Constant** node to **XPresso Editor**.

2. In the **Attribute Manager | Node** tab, make sure the Constant node is selected. Set the **Constant** node's **Value** attribute to **10**. In **XPresso Editor**, Ctrl+drag the **Constant** node to make a duplicate. Next, in the **Attribute Manager | Node** tab, change the value of the duplicate **Constant** node's **Value** attribute to **5**.

3. Click on the magnifying glass icon in **XPresso Editor** to display the search field [Fig. 7]. Next, enter **math** in the field. The nodes having the typed characters in their names appear in the **X-Pool** tab.

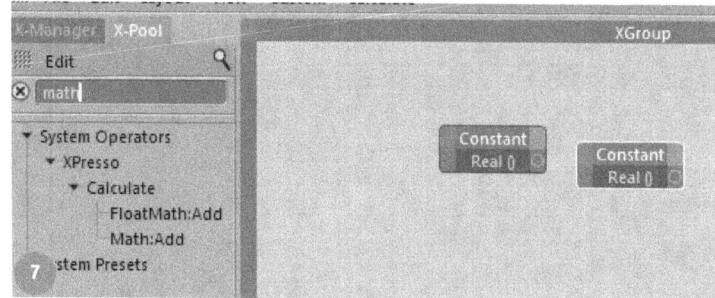

4. Drag the **Math:Add** node to **XPresso Editor**. Select the first **Constant** node that you have created and then RMB click on it. Next, select **Rename** from the popup menu to open the **Name** dialog. In this dialog, rename the node as **Con1**. Similarly, rename the second **Constant** node and **Math:Add** node as **Con2** and **Ma1**, respectively.

5. Draw a wire from the output port of the **Con1** node to the top **Input** port of the **Ma1** node. Similarly, draw a wire from the output port of the **Con2** node and to the bottom **Input** port of the **Ma1** node.

6. Using the search field in the **X-Pool** tab, add a **Result** node from **XPresso | General** category. Connect the **Output** port of the **Ma1** node and input port of the **Result** node. Notice that the result of the calculation [**10+5=15**] appears on the **Result** node.

7. In the **Attribute Manager | Node** tab, set the **Ma1** node's **Function** attribute to **Multiply**. The result **50** appears on the **Result** node. Marquee select all nodes in **XPresso Editor** and then RMB click. Next, select **Convert to XGroup** from the menu to create a new XGroup [Fig. 8].

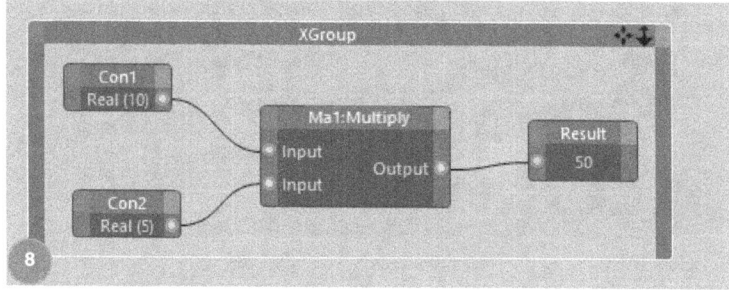

8. Add a **Math:Add** node outside the XGroup you just created. Draw a line from the **Ma1** node's **Output** port to the red square of the XGroup to open a popup menu. Select **Real** from the menu to add an output port to the XGroup [Fig. 9].

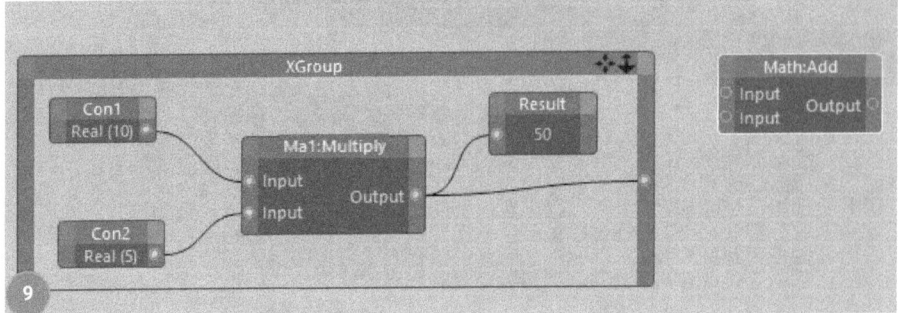

9. Draw a line from the XGroup node's output port to the top input port of the **Math:Add** node. XGroup node now feeds result [**50**] of the **Ma1** node through its output port to the **Math:Add** node.

10. Next, you will set the value **50** for the bottom **Input** port of the **Math:Add** node. Select the **Math:Add** node. In the **Attribute Manager** | **Parameter** tab, change the **Math:Add** node's **Input [2]** attribute value to **50**.

11. Add a **Result** node to **XPresso Editor** and make a connection between the **Output** node of the **Math:Add** node and the input node of the **Result** node. Notice the result **100** is displayed on the **Result** node [Fig. 10]. Rename the **XGroup** as **myXGroup**. Check the **x1-xGroups.c4d** file.

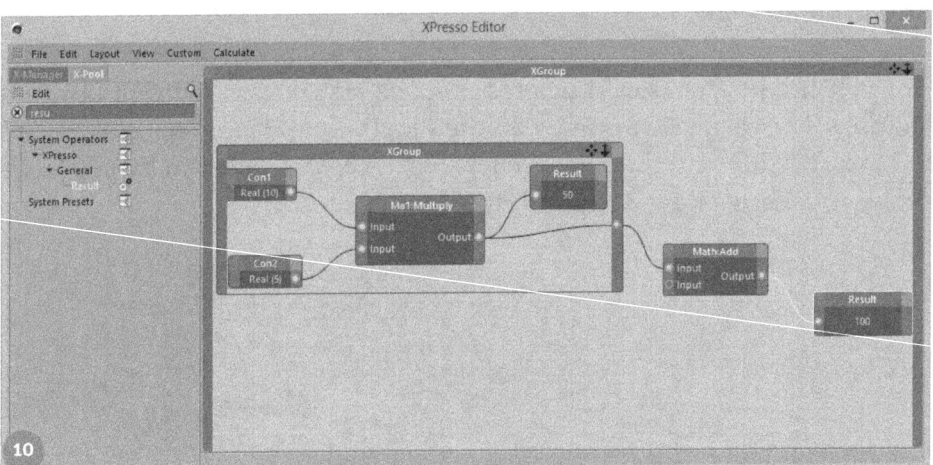

XPresso Manager

XPresso Manager or **X-Manager** is docked with **XPresso Editor**, by default. If you have undocked **XPresso Manager** and then closed it, you can reopen it by selecting **Custom** | **XPresso Manager** from **XPresso Editor** menu. **XPresso Manager** displays a simplified hierarchical structure of an XPresso Expression. You can easily select nodes in **XPresso Manager** and also can change position of nodes in the hierarchy. The order of the nodes and XGroups is very important. The top most nodes in the hierarchy are evaluated first. You need to be careful while changing the order of evaluation in the **X-Manager** otherwise incorrect values may be passed down thus producing undesired results. Let's dig in how it works:

1. Make sure the **x1-xGroups.c4d** file is open. Choose the **X-Manager** tab if not already chosen. Expand **myXGroup** in **X-Manager**, if not already expanded. Notice that all the nodes that are part of the **myXGroup** node appear in the **X-Manager** [Fig. 11]. Also, the default **XGroup** node appears in **X-Manager**. Notice **Math:Add** and **Result [100]** are part of the default **XGroup**.

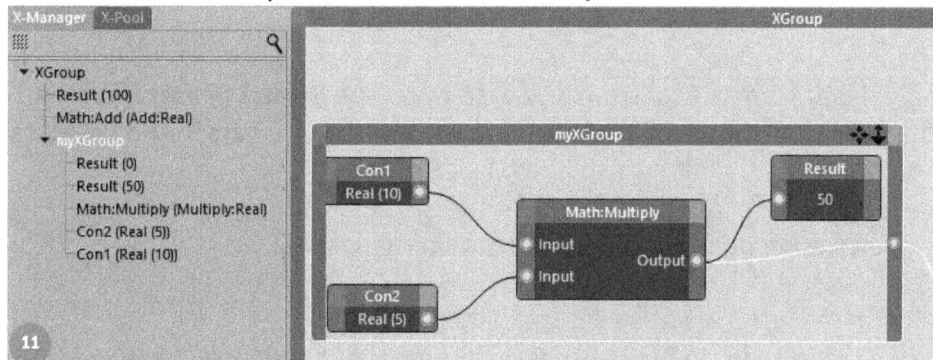

2. Select the **Con1** and **Con2** nodes in the **X-Manager** and then RMB click to open a popup menu. Next, select **Convert to XGroup** to created a nested XGroup [Fig. 12].

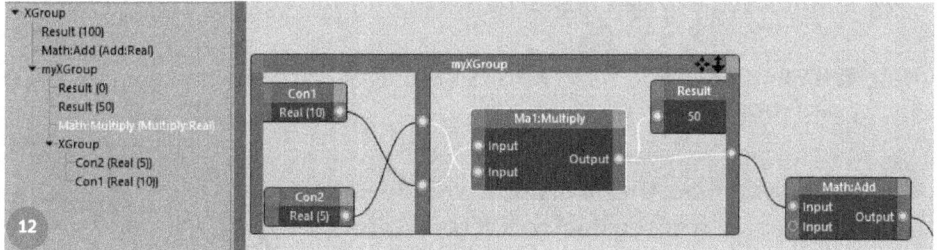

Note: Creating Empty XGroups
RMB *click in the* **X-Manager** *tab and select* **Empty Group** *from the popup menu to create an empty XGroup.*

To move a node into an XGroup, drag the node to the label of the XGroup. To view a node in **XPresso Editor**, drag it from **X-Manager** to the desired position in **XPresso Editor**. To change the sequence [order of evaluation] of a node or XGroup, drag the node's or XGroup's label to the new position.

XPresso Pool

XPresso Pool is docked with **XPresso Editor**, by default. If you have undocked **XPresso Pool** and then closed it, you can reopen it by selecting **Custom | XPresso Pool** from **XPresso Editor** menu. **XPresso Pool** gives you ability to quickly add XPresso nodes to **XPresso Editor**. If you use a particular node very often and the desired settings are different than the default settings, you can customize the desired settings as default settings and then add the node to your pool. Next time when you add that node from your pool, it will have the customized settings. It can save you a lot of time. Let's create a pool:

1. Select the **X-Pool** tab to open **XPresso Pool**, if not already opened. Add a **Math:Add** node to **XPresso Editor**. In the **Attribute Manager** | **Node** tab, set the **Math:Add** node's **Function** attribute to **Multiply**.

2. Select **Edit** | **Create Pool** from **X-Pool** to open the **Presets Filename** dialog. Save the pool with the name **myPool**. The **myPool** pool appears in the **X-Pool** tab.

Caution: Adding nodes to the original pool
You cannot add your own nodes to the original pool.

Note: Default Save Location of the Pools
*By default, the pools are saved in the **Library** | **xnode** folder within the **Users** folder.*

Tip: File Extension of the Pools
*Pools are saved with the **.xgr** extension.*

3. Drag **Math:Multiply** node from **XPresso Manager** onto the **myPool** in the **X-Pool** tab to add node to the pool.

Next time when you need the **Math** node with **Operation** set to **Multiply**, drag it from **myPool** to **XPresso Editor**. To load a pool file into **XPresso Pool**, select **Edit** | **Load Pool** from the **X-Pool** tab. The **Remove Preset** command from the **X-Pool** | **Edit** menu removes the selected preset or folder from the pool. The **Rename Preset** command renames the preset.

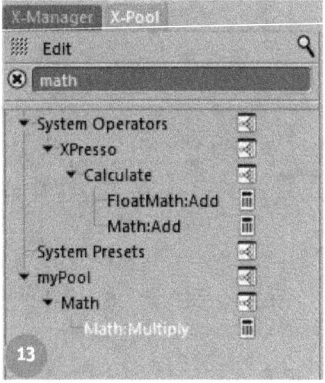

4. Select the **myPool** pool from the **X-Pool** tab and then select **Edit** | **Create Folder** command from **X-Pool** tab to open the **Folder Name** dialog. Next, save the folder with the name **Math**.

5. In the **X-Pool** tab, drag the **Math:Multiply** node to the **Math** folder to place the node inside the **Math** folder [Fig. 13].

XPresso Editor Menu Commands

XPresso Editor menu bar is available at the top of **XPresso Editor** window. You are already familiar with **XPresso Pool** and **XPresso Manager** commands available in the **Custom** menu. Let's explore some more commands available in the **XPresso Editor** menus:

File Menu

The **File** menu gives you the following options:

Save XGroup as

Saves the selected XGroup. If no XGroup is selected, the entire content of **XPresso Editor** will be saved.

Load XGroup

Loads the XGroup into the selected XGroup. If no XGroup is selected, the XGroup is loaded directly into **XPresso Editor**.

Close

Closes **XPresso Editor**. To reopen **XPresso Editor**, double-click on the **XPresso** tag in **Object Manager**.

Edit Menu

The **File** menu gives you the following options:

Undo

Reverts the last change you made in **XPresso Editor**. You can specify the number of changes can be undone consecutively. To set the undo depth, select **Edit | Preferences** from the main menu to open the **Preferences** window. In this window, select **Memory** from the left pane to display **Memory** settings on the right pane of the window. In the **Project** section, specify a value for the **Undo Depth** attribute.

Redo

Redo the last undo.

Cut

Moves the selected nodes or XGroups, including their wires, to the clipboard.

Copy

Copies the selected nodes or XGroups, including their wires, to the clipboard.

Paste

Copies the nodes or XGroups from the memory to the selected XGroup. If no XGroup is selected, the elements are pasted directly into **XPresso Editor**.

Delete

Deletes the selected nodes or XGroups.

Select All
Selects all nodes and XGroups.

Deselect All
De-selects all nodes and XGroups.

Enable
Enables nodes or XGroups.

Disable
Disables nodes or XGroups.

 Caution: Default Save Location of the Pools
If you disable a node or XGroup that is between two enabled nodes of XGroups, no values will be pass through.

Layout Menu
The Layout menu gives you the following options:

Input
When you select **Layouts | Inputs**, a sub-menu appears. This sub-menu has two settings: **At Left** and **At Right**. These Input settings are used to specify whether the input ports will appear at the left or the right edge of the nodes or XGroups. There is no separate settings for the output ports because output ports always appear on the opposite side of the input ports.

Connections
The options in the Connections submenu control the appearance of the wires. Fig. 14 displays the wire types [from left: **Direct**, **Straight**, **Normal**, and **Curved**].

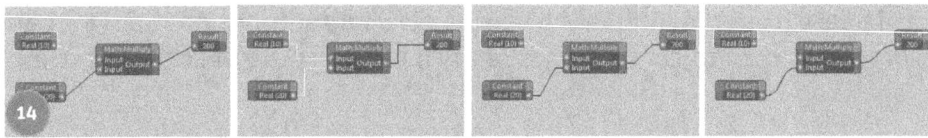

Show Status Bar
Enables **XPresso Editor**'s status bar. The status bar is located at the bottom of **XPresso Editor**'s interface. When you hover the mouse over a node or one of its ports, some useful information is displayed in the status bar. Fig. 15 shows the information in the status bar when cursor is hovered over the **Output** port of the **Result** node.

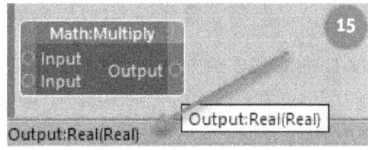

Reset to Default
Resets **XPresso Editor** to its default interface.

View Menu

The **View** menu gives you the following options:

Zoom Sub-menu
The options in the **Zoom** sub-menu control the zoom factor of **XPresso Editor**.

Frame All
When you select this option, all nodes in **XPresso Editor** fill the space and are centered.

Frame selected
When you select this option, the selected node in **XPresso Editor** fills the space and are centered.

Align to Upper Left
Moves the entire contents of **XPresso Editor** to the top left corner of **XPresso Editor**.

Center Nodes
Moves the center of the expression to the center of **XPresso Editor**.

Align to Grid
Aligns the nodes or XGroups to the grid of **XPresso Editor**.

Custom Menu

The **Custom** menu gives you the following options:

XPresso Pool
If you have undocked **XPresso Pool** and then closed it, you can reopen it by selecting **Custom | XPresso Pool** from **XPresso Editor**.

XPresso Manager
If you have undocked **XPresso Pool** and then closed it, you can reopen it by selecting **Custom | XPresso Pool** from **XPresso Editor**.

Thinking Particles Settings
If you have installed Thinking Particles, you can control settings of Thinking Particles from the **Thinking Particles** window which is displayed when you select the **Thinking Particles Settings** option from the **Custom** menu. Fig. 16 shows the **Thinking Particles** window.

Calculate Menu

The **Calculate** menu gives you the following options:

Start XPresso Calculation
This option is useful if you want to test an expression. When you select this option, all nodes and XGroups are calculated once. You can check the result and then refine the expression.

Animation Refresh
When you select this option, the expression is calculated for each frame in the animation. It ensures that all data is up-to-date.

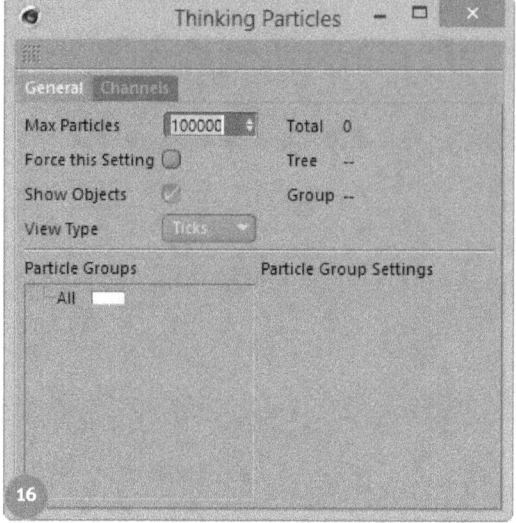

Live Refresh
This parameter controls whether the expression is calculated in real time, when you change a parameter or the expression is calculated after the parameter is changed.

Performance View
When you select this option, the **Performance View** window appears. When you select the **Enable Performance View** option from the **Performance View** window [Fig. 17], you can specify whether the performance time of the node should be displayed in milliseconds [**Time** mode] or number of calculations operation per frame [**Count** mode]. You can set this option from the **Mode** drop-down. The **Intensity** slider is used to define the intensity with which the title bar of the node will be colored. The darker the color, the more time the node will take to render.

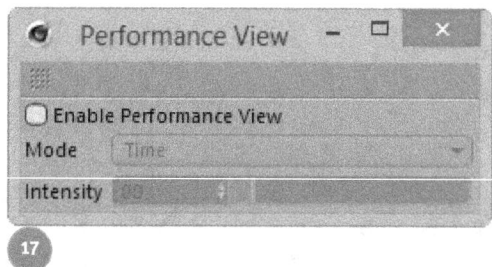

XPresso Editor Contextual Menu Commands

XPresso Editor contextual menu commands can be used to quickly access commands in it. You can open a contextual menu by RMB clicking on a node, port, XGroup, or on an empty area of **XPresso Editor**. The commands available in the XPresso contextual menus allow you to perform some tasks quickly. Some of the commands are only available in the contextual menu. As discussed earlier, by default an **XGroup** [base XGroup] appears in **XPresso Editor**. Therefore, if the mouse pointer is not over any node when you RMB click, the commands related to the XGroups also appear in the contextual menus. Let's first explore the commands available for XGroups and nodes.

Contextual Menu Commands for Nodes and XGroups

When you RMB click on the empty area of **XPresso Editor**, commands associated with the XGroups are also displayed in the menu because by default, CINEMA 4D creates a base XGroup for each new expression. When you RMB click on the empty area of **XPresso Editor**, the following options appear in the menu: **New Node**, **Empty XGroup**, **Convert to XGroup**, **Zoom**, **View**, **Content**, **Connections**, **Ports**, **Rename**, **Optimize**, **Select Connected**, and **Disable**.

New Node

You can user this option to create a new node. The core nodes are placed under the **XPresso** sub contextual menu. The other options available are: **Hair**, **Motion Graphics**, **Dynamics**, **Thinking Particles**, and so on.

Empty XGroup

Creates an empty XGroup. You can place the nodes and XGroups into the empty XGroup by dragging and dropping them to the empty XGroup. You can also cut or copy paste nodes or XGroups and then paste them into the empty XGroup.

Unpack XGroup

Unpacks the XGroup. The selected XGroup is deleted and its contents are placed directly in **XPresso Editor**.

Convert to XGroup

Creates a new XGroup and moves all the selected nodes and XGroups into the new XGroup with their wires.

Zoom

The **Zoom** sub contextual option allows you to select preset zoom levels. The options are: **100%**, **75%**, **50%**, and **25%**.

Content

The commands available in the **Content** sub contextual menu allow you to center or align the nodes or XGroups within an **XPresso Editor**. These options are also available in the **View** menu of **XPresso Editor** and have already been discussed earlier.

Align to Grid

The selected node is aligned to **XPresso Editor**'s grid.

View

The commands available in the **View** sub-contextual menu allow you to control the size of the nodes and XGroups. This sub menu gives you access to the following commands.

Minimized

Reduces the size of a node or XGroup to its title bar. You can achieve the same result by double-clicking on the title bar of the node or XGroup. To maximize a node or XGroup, double-click again on its title bar.

Standard

Returns a minimized or full screen window to last size you had set manually.

Extended

Returns an XGroup to its previous size when you last manually resized it.

Fullscreen

Magnifies the XGroup to fill the **XPresso Editor** window.

Locked

Locks the XGroup and hides all its contents. This command is useful when you don't want to accidently edit content of XGroup. To unlock the XGroup, execute the **Locked** command once more. When you unlock a XGroup, its content remain hidden. To show the content, execute the **Fullscreen** or **Extended** command.

Connections

This sub contextual menu gives access to the following command:

Remove all

Deletes all wires of the selected nodes and XGroups.

Ports

This sub contextual menu gives access to the following commands:

Remove Unused

Deletes all unconnected ports i.e. ports that are not connected to the selected node(s) and/or XGroup(s).

Caution: Unused ports
The **Remove Unused** command also removes the ports that might be getting values from **Attribute Manager**.

Tip: Removing ports individually
To individually remove ports, either select **Delete Port** command from the contextual menu of a port or double-click on the port.

Show Names

Displays the name of the ports that are displayed on the nodes and XGroups. For example, the **Result** node can display either the port name or value of its port.

Delete

Deletes the selected nodes and XGroups with their wires.

Rename

The command invokes the **Name** dialog. You can use the **Name** attribute of the dialog to rename a node or XGroup. Alternatively, you can rename a node or XGroup from the **Basic** tab of **Attribute Manager**.

Optimize

The result of the command depends on whether you select a node or XGroup before executing this command. If you execute this command from the node's contextual menu, the node is resized to its smallest size in such a way that the name of node and its ports are visible. If you select the **Optimize** command from the XGroup's contextual menu, the XGroup is scaled in such a way that all of its nodes and XGroup can be seen.

Select Connected

Selects the next connected node or XGroup.

Disable

Disables or enables selected nodes or XGroups. You can also access this command from **XPresso Editor**'s **Edit** menu. This command is useful when you want to test a part of the expression without disconnecting the wires. Disabled nodes are ignored during calculations.

Tutorials

Before you start the tutorials, create a folder with the name **chapter-x1**. We'll use this folder to host all the tutorial files and other resources.

Tutorial 1: Creating a Clock Rig

In this tutorial, we will animate hands of a clock. We'll create a number of expressions to automate the motion of the hands.

The following table summarizes the tutorial:

Table T1: Creating a Clock Rig	
Flow: We will use the **Time** node to get the temporal information about the scene and then use the **Time** port of the **Time** node to drive the clock animation.	
Keywords: Time, Math, and Degree	
Difficulty level	Intermediate
Estimated time to complete	45 Minutes

Table T1: Creating a Clock Rig	
Topics	• Getting Started • Creating Rig
Resources folder	**chapter-x1**
Tutorial units	**Centimeters**
Start tutorial file	**x1-tut1-start.c4d**
Final tutorial file	**x1-tut1-finish.c4d**

Getting Started
Open the **x1-tut1-start.c4d** file.

Creating the Rig
Follow the steps given next:

1. Ensure the **Clock** object is selected in **Object Manager**. Select **Tags | Cinema 4D tags | XPresso** from **Object Manager** to add an **XPresso** tag to the **Clock** Object and to open **XPresso Editor**. Add a **Time** node by navigating to **New Node | XPresso | General**.

    Note: Time node
    *The time node gives you ability to output various types of temporal data. In this case, we will be using the default **Time** port. This port outputs the time in seconds since the start of the animation.*

2. Add a **Result** node and make a connection between the **Time** port of the **Time** node and the **Result** node. Move the **CTI** to frame **30**. Notice the **Result** node displays **1** second because the **FPS** attribute is set to **30** in **Project Settings** tab in **Attribute Manager**.

    What next?
    *The second hand rotates [6° per second 360/60=6]. Now, we will multiply the output of the **Time** node with a constant value of **6** and then we will feed this value to secondHand node. Before you make the connection, you must remember that most of the nodes in CINEMA 4D works in radians instead of degrees. Therefore, you must convert the output to radians before feeding it to secondHand node.*

3. Add a **Math** node to **XPresso Editor**. Connect the **Time** port of the **Time** node to the first **Input** port of the **Math** node. Ensure the **Math** node is selected in **XPresso Editor**. In the **Attribute Manager | Parameter** tab, change the value of the **Input [2]** attribute to **6**. In the **Attribute Manager | Node** tab, change the **Function** attribute to **Multiply**.

4. Make sure the **CTI** is at frame **30** and then connect the **Output** port of the **Math** node to the **Result** node. Notice 6 is displayed as output. Add a **Degree** node to **XPresso Editor**. This node converts degrees to radians and vice-versa. Connect the **Output** port of the **Math** node to the **Input** port of the **Degree** node. Ensure the **Degree** node is selected in **XPresso Editor**. In the **Attribute Manager | Node** tab, change the **Function** attribute to **Degree to Radians**.

5. Drag the **secondHand** object from **Object Manager** to **XPresso Editor**. Ctrl+Double click on the node's title to expand the node. Click on the blue input port of the **secondHand** node and select **Coordinates | Rotation | Rotation.B** to add the **Rotation.B** port [Fig. T1].

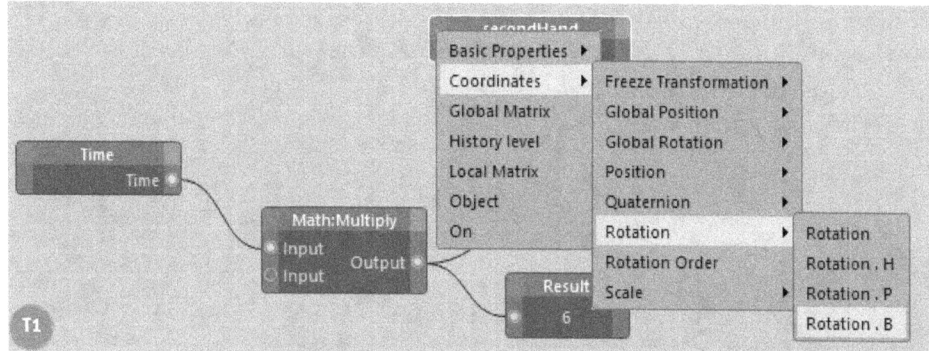

6. Connect the **Output** port of the **Degree** node to the **Rotation.B** port of the **secondHand** node. Expand the playback range to **150** frames. Click on the **Play Forwards** button to play the animation. Press **F8** to stop the animation.

 What just happened?
Notice that secondHand ticks 5 seconds [150/30=5] during the length of 150 frames. It is clear that if we have to rotate the minute or hour hand full 360°, we need awful number of frames. To remedy this, we will now create a user data control which will act like a speed multiplier.

7. Select the **Clock** object in **Object Manager** and then select **User Data | Add User Data** from **Attribute Manager** menubar to open the **Manage User Data** dialog. In this dialog, change the value of the **Name** attribute to **SpeedMultiplier**.

8. Change the value of the **Data Type** attribute to **Integer**. Also, clear the **Limit Max** check box. Now, click on the **OK** button. Notice the **SpeedMultiplier** attribute appears in the **Attribute Manager | User Data** tab.

9. In **XPresso Editor**, disconnect the **Time** and **Math** nodes. Drag the **Clock** object from **Object Manager** to **XPresso Editor** below the **Time** node. Now, click on the red output port of the **Clock** node and select **User Data | SpeedMultiplier** from the popup menu.

10. Insert a **Math** node to **XPresso Editor** and connect the **Time** port of the **Time** node with the top **Input** port of the **Math** node. Connect the **SpeedMultiplier** port of the **Clock** node to the second **Input** port of the **Math** node.

11. Ensure the **Math** node is selected. In the **Attribute Manager | Node** tab, change the **Function** attribute to **Multiply**. Now, connect the **Output** port of the newly added **Math** node to the top **Input** port of the **Math** node that already exists in **XPresso Editor**.

12. Make sure the **Clock** object is selected in **Object Manager** and then in the **Attribute Manager | User Data** tab, change the **SpeedMultiplier** value to **50**. Now, play the animation. Notice that **secondHand** rotates **50** times its real speed. Fig. T2 shows the node network in **XPresso Editor**. The value displayed in the **Result** node depends on the current frame.

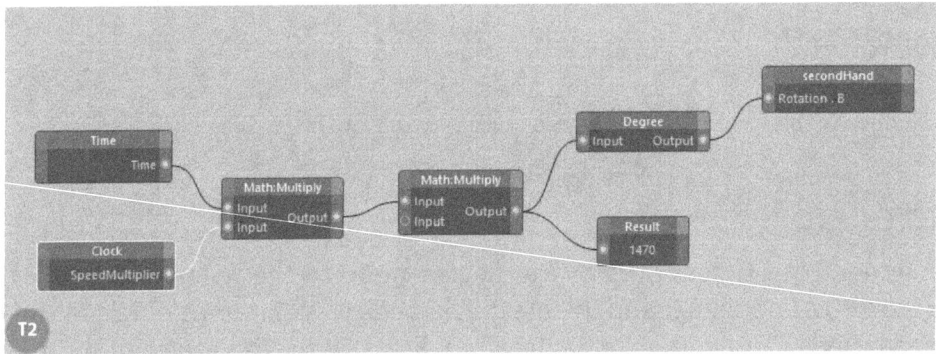

What next?
Next, you will rotate the minute hand.

13. Drag the **minuteHand** object from **Object Manager** to **XPresso Editor**. Add the **Rotation.B** input port to it, as discussed earlier. Select the **Time**, **Clock**, and **Math** nodes in **XPresso Editor** using **Shift** and then RMB click to display a pop up menu. Next, select **Convert to XGroup** from the menu to create a new XGroup containing the three selected nodes [Fig. T3].

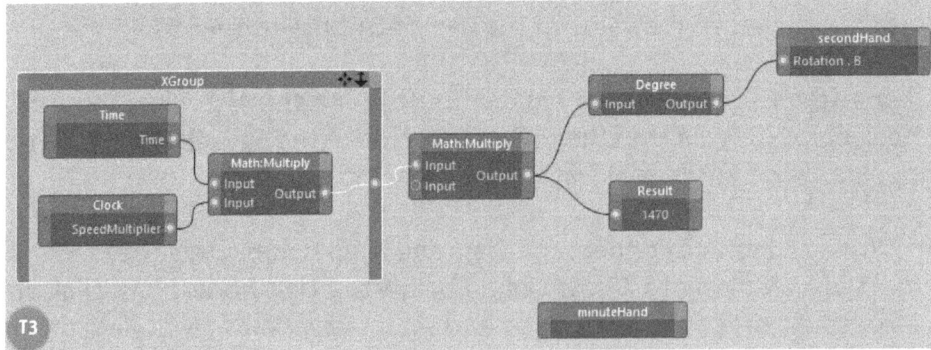

→ *What next?*
The minute hand rotates 6° by the time the second hand rotates full 360°. Therefore, if you divide the rotation of the second hand by 60 [360/6=60], you will get the rotation of the minute hand.

14. Select the **Math** and **Degree** nodes using the **Shift** key. **Ctrl+LMB** drag to create copies of the selected nodes. With the copied **Math** node selected, change its **Function** to **Divide** in the **Attribute Manager | Node** tab. In the **Parameter** tab, change the value of **Input [2]** to **60**.

15. Connect the **Output** port of the **Math** node [node associated with **secondHand**] to the top **Input** port of the copied **Math** node. Connect the **Output** port of the **Degree** node to the **Rotation.B** port of the **minuteHand** node. Playback the animation to preview the motion of the **minuteHand**. Fig. T4 shows the node network.

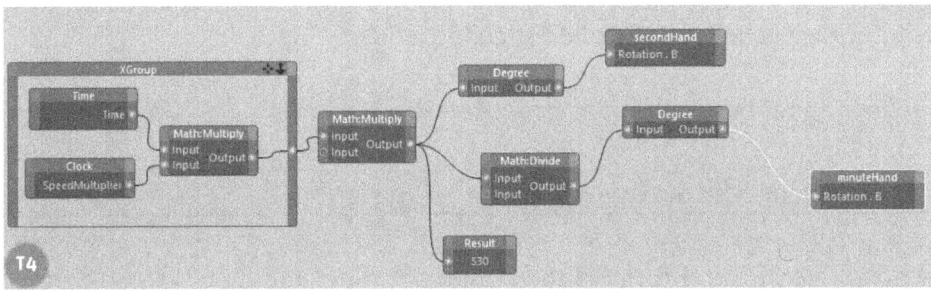

→ *What next?*
Next, we will animate the hour hand. The hour hand rotates at one-twelfth speed of the minute hand.

16. Drag the **hourHand** object from **Object Manager** to **XPresso Editor** and then add the **Rotation.B** port to the **hourHand** node, as discussed earlier. Select the **Math** and **Degree** nodes associated with the **minuteHand** and then make duplicates using the **Ctrl** key. Connect the **Output** port of the **Math** node associated with the **minuteHand** to the **Input** port of the copied **Math** node.

17. With the copied **Math** node selected, change the value of **Input [2]** to **12** in the **Attribute Manager | Node** tab. Connect the **Output** port of the **Degree** node to the **Rotation.B** port of the **hourHand** node. Playback the animation to preview the motion of the **hourHand**. Fig. T5 shows the node network.

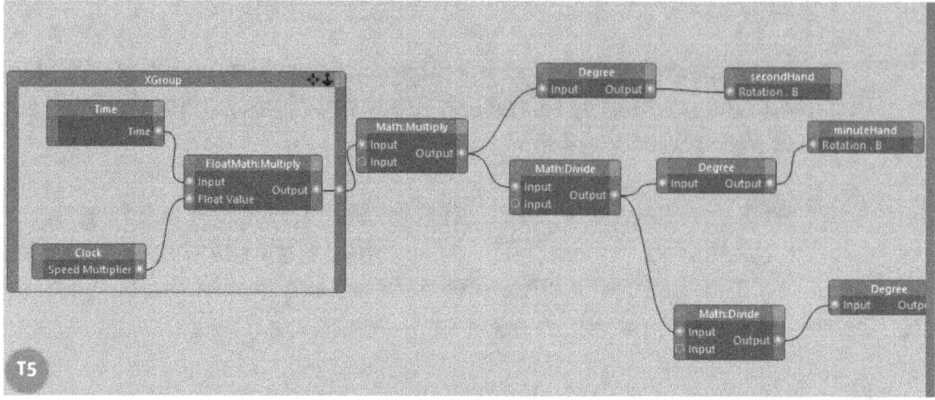

Tutorial 2: Working with Set Driven Keys

You can use the set driven key feature of CINEMA 4D and **XPresso Editor** to link properties of various objects without directly linking. In this tutorial, we will understand the concept of setting objects' parameter as driver or driven. The parameter that controls the attributes of the other object is called driver and the parameter that is being controlled is called driven.

The following table summarizes the tutorial:

Table T2: Working with Set Driven Keys	
Flow: The objective of the tutorial is to change the inner radius of the cogwheel by using the scale vector of the cube. Therefore, we will make cube's scale attribute driver and radius of the cogwheel driven. Later, we will modify the **XPression** in **XPresso Editor**.	
Keywords: Time, Math, and Degree	
Difficulty level	Intermediate
Estimated time to complete	30 Minutes
Topics	• Getting Started • Creating Set Driven Keys Setup
Resources folder	**chapter-x1**
Tutorial units	**Centimeters**
Start tutorial file	**x1-tut2-start.c4d**
Final tutorial file	**x1-tut2-finish.c4d**

Getting Started

Open the **x1-tut2-start.c4d** file.

Creating Set Driven Keys Setup
Follow the steps given next:

1. Make sure that the **Front** viewport is active and then make **Cube** editable. Move the axis at the bottom of **Cube** [Fig. T1]. Now, we will use the **Scale.Y** attribute [driver] of **Cube** to control the **Inner Radius** attribute of **Cogwheel** [driven].

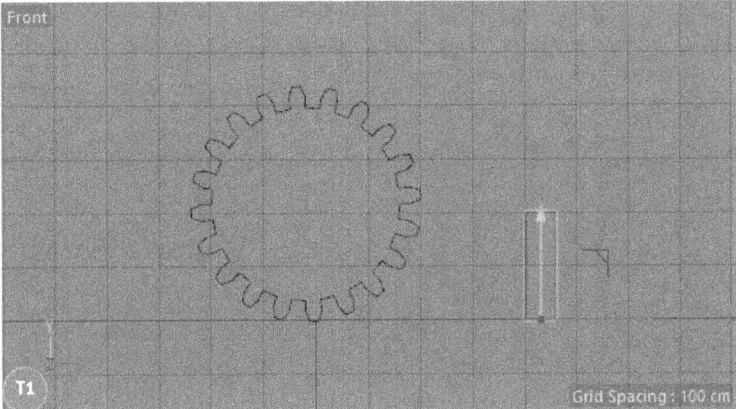

2. With **Cube** selected in **Object Manager**, select the **Coord** tab in **Attribute Manager**. RMB click on the **S.Y** label and navigate to **XPressions | Set Driver** [Fig. T2]. With **Cogwheel** selected in **Object Manager**, select the **Object** tab in **Attribute Manager**. RMB click on the **Inner Radius** label and navigate to **XPressions | Set Driven (Absolute)**.

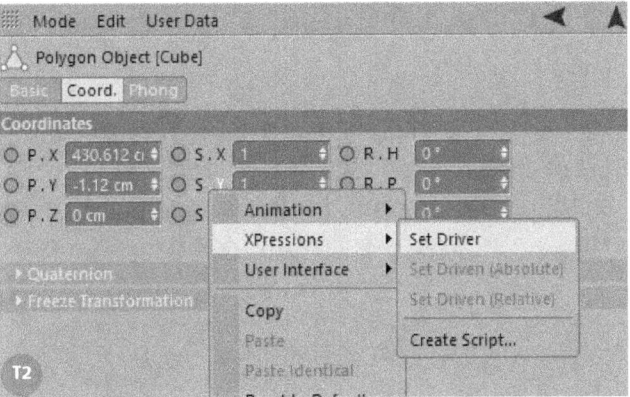

 What just happened?
*Notice that **XPresso Expression** tag appears on the right of **Cogwheel** in **Object Manager**. Click on the tag to select it and check its controls in **Attribute Manager**. The text in the **Name** field shows the relationship we have created by mapping attributes of **Cube** and **Cogwheel** [Fig. T3].*

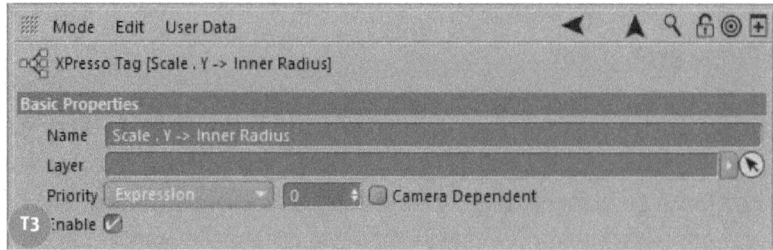

3. With **Cube** selected in **Object Manager**, select the **Coord** tab in **Attribute Manager**. Change the **S.Y** value to **50**. The **Inner Radius** of the **Cogwheel** changes accordingly [Fig. T4]. Next, change the **S.Y** value to **0**.

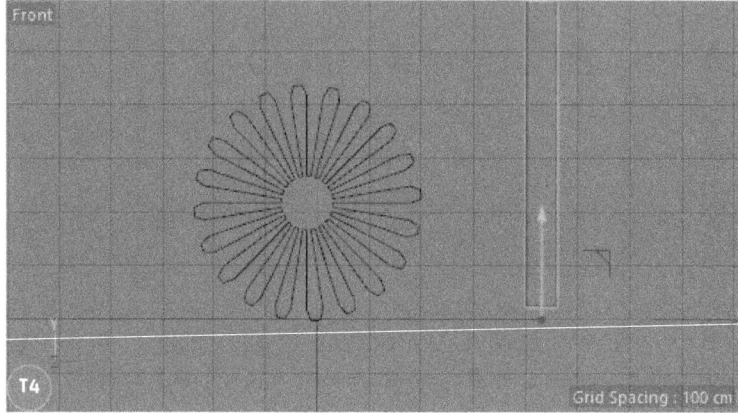

4. Double click on the **XPresso Expression** tag in **Object Manager**. XPresso Editor appears showing the relationship we had created in the form of nodes [Fig. T5].

5. Disconnect the **Cube** and **Range Mapper** nodes. Add a **Math:Add** node and then link **Scale.Y** port of the **Cube** node to the top **Input** port of the **Math:Add** node. With the **Math:Add** node selected, in the **Parameter** tab of **Attribute Manager**, change the value of the **Input [2]** attribute to **50**.

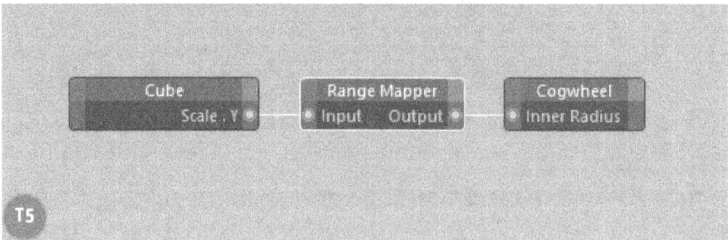

6. In the **Node** tab of **Attribute Manager**, change the **Function** attribute to **Multiply**. The **Input [2]** value will act as a multiplier to **Inner Radius** of **Cogwheel**. If we set **Scale.Y** value to **2**, the **Inner Radius** will change to **100** [2*50].

7. Wire the **Output** port of the **Math:Multiply** node to the **Input** port of the **Range Mapper** node. Now, we will use the **Range Mapper** node to limit what extent we can move **Cube**.

8. Make sure the **Range Mapper** node is selected and then choose the **Parameter** tab in **Attribute Manager**. Change the **Input Lower** and **Input Upper** values to **1** and **200**, respectively. Also, change the **Output Lower** and **Output Upper** values to **1** and **200**, respectively. Now, change the value of the **Scale .Y** attribute to view its affect on the **Inner Radius** attribute of **Cogwheel**. Fig. T6 shows the node network.

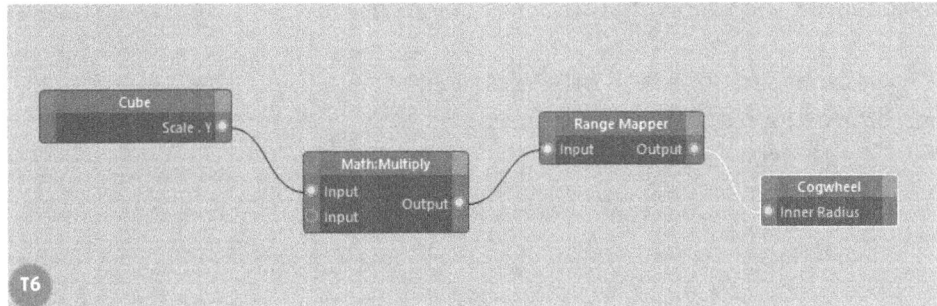

Quiz

Fill in the blanks
Fill in the blanks in each of the following statements:

1. The _____ nodes are the basic building blocks of XPresso Expressions.

2. By default, CINEMA 4D's nodes uses angular values from _____ to _____.

3. _____ on the title bar of a node to minimize the node.

4. You can combine several nodes in a group called _____.

True or False
State whether each of the following statement is true or false:

1. You can not connect ports that have incompatible data types.

2. If you want to use degrees [0 to 360°], use the **Radian** node to convert from radians to degrees.

3. RMB click in **X-Manager** and select **Empty Group** from the popup menu to create an empty XGroup.

4. If you disable a node or XGroup that is between two enabled nodes of XGroups, no values will pass through.

5. The **Remove Unused** command does not remove the ports that might be getting values from **Attribute Manager**.

Summary

In this chapter, the following topics are covered:

- Node based approach of **XPresso Editor**.
- Link properties and parameters
- Create user defined sliders
- XPressions

THIS CHAPTER COVERS:

- **XPresso** Class
- **MoGraph** Class

XPresso Nodes

In chapter X1, you have seen the potential of the XPresso system in CINEMA 4D. XPresso offers a numbers of nodes that give you ability to create complex expressions. These nodes are arranged by classes in CINEMA 4D. These are: **XPresso, Hair, Motion Graphics, Dynamics,** and **Thinking Particles**. These classes are available under the **System Operators** category in the **X-Pool** tab of the **XPresso Editor**.

XPresso Class

The **XPresso** class comprises of all the nodes that belong to CINEMA 4D application. Each class is further arranged in groups. The **XPresso** class consists of the following groups: **General, Adapter, Bool, Calculate, Script, Logic**, and **Iterator**. Let's dig into the different groups of the **XPresso** class.

General Group

The nodes under this group perform some basic functions. The following nodes are available in this group:

Bitmap

You can use this node to read color values at specific coordinates. Follow the steps given next:

1. Create a **Null** object and then in **Object Manager**, navigate to **Tags | CINEMA 4D Tags | XPresso** to add an **XPresso Expression** tag to **Null**.

2. Add a **Bitmap** node by navigating to **RMB Click | New Node | XPresso | General**. Click on the blue port of the **Bitmap** node and navigate to **Filename** to add the **Filename** port. Similarly, add the **X** and **Y** ports. Click on the red port of the **Bitmap** node and add **Color, Height**, and **Width** ports. **CTRL+double-click** on the **Bitmap** node's title to expand it.

> *Note: Bitmap Node - Ports*
> The **Filename** port defines the absolute path to the image whose color values you intend to read. The **X** and **Y** ports represent the coordinates whose color values you need to read. The **[0, 0]** coordinates represent the top left pixel of the image. The **Width** and **Height** ports output the width and height of the image. The **Color** port outputs the RGB color values in the vector format.

3. Add three **Constant** nodes by navigating to **New Node | XPresso | General**. On the **Attribute Manager | Node** tab of the first **Constant**, change **Data Type** to **Filename**. Click on the browse button located next to the **Value** field to open the **Open File** dialog. Navigate to the **bitmapNode.jpg** and then click on the **Open** button to open the image file.

4. Link the output port of the first **Constant** node to the **Filename** port of the **Bitmap** node. Link the middle and bottom **Constant** nodes to the **X** and **Y** ports of the **Bitmap** node, respectively. On the **Attribute Manager | Node** tab of the middle **Constant** node, change **Data Type** to **Integer**. Change the value of **Value** to **550**. On the **Attribute Manager | Node** tab of the bottom **Constant** node, change **Data Type** to **Integer**. Change the value of **Value** to **100**.

5. Add a **Result** node by navigating to **New Node | XPresso | General**. Link **Color** port of the **Bitmap** node to the input port of the **Result** node. On the **Attribute Manager | Node** tab of the **Result** node, change **Data Type** to **Color**. Notice the color values are displayed on the **Result** node. These values are at the X [**550**] and Y [**100**] coordinates.

> *Note: bitmapNode.jpg*
> *If you open the **bitmapNode.jpg** in **Photoshop**, you will notice that there is a green circle at **XY [550, 100]** coordinates. The first **Result** node is showing the vector for the green color. To check this in CINEMA 4D, create a **Sphere** object and assign a material to it.*
>
> *Drag **Mat** from **Material Manager** to **XPresso Editor**. Click on the blue input port of the **Mat** node and then navigate to **Color | Color | Color** to add the **Color** port. Now, link **Bitmap | Color** to **Mat | Color**. Notice that the color of the **Sphere** object changes to green. See the **x2-bitmap-node-1.c4d** file.*

6. Add two more **Result** nodes by navigating to **New Node | XPresso | General** and then link the **Height** and **Width** ports to the input ports of other two **Result** nodes. The two **Result** nodes shows the width and height of the bitmap, respectively. Fig. 1 shows the node network. See the **x2-bitmap-node-2.c4d** file.

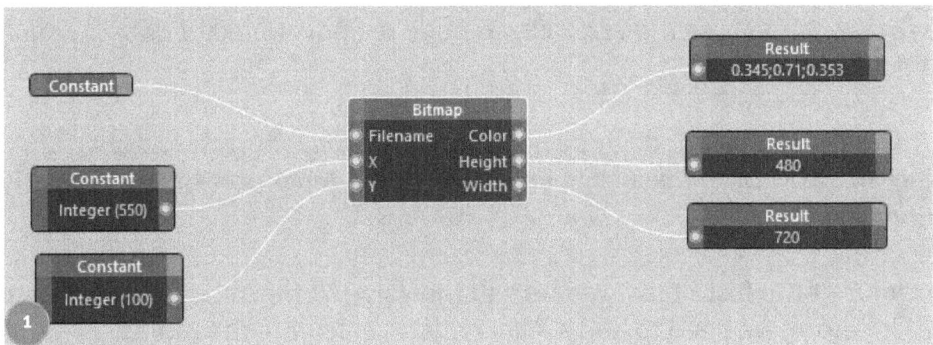

Bounding Box

The bounding box is the area inside which the objects fits. The **Bounding Box** node allows you to access the dimensions of the bounding box inside **XPresso Editor**.

> *Caution: Bounding Box node*
> *The **Bounding Box** node only works with the polygonal objects. If you select the **Use Deformed Points** check box in the **Attribute Manager | Bounding Box | Node** tab, CINEMA 4D will also consider deformed points while calculating the bounding box to ensure that accurate result is calculated.*
>
> *Tip: Bounding Box Information in Coordinate Manager*
> *The dimensions of the bounding box are displayed in **Coordinate Manager** when **Size** is selected from the **Size** drop-down [Fig. 2].*

Let's dive into **XPresso Editor** and learn how to access dimensions of the bounding box of an object. In the following steps we will calculate radius of a disc object. Follow the steps given next: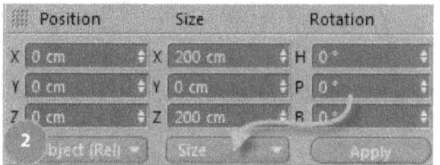

1. Create a **Disc** object. On the **Attribute Manager | Object** tab of **Disc**, change the value of **Orientation** to **+X**. Now, press **C** to make it editable. In **Object Manager**, navigate to **Tags | CINEMA 4D Tags | XPresso** to add an **XPresso Expression** tag. Drag the **Disc** object from **Object Manager** to **XPresso Editor**. Click on the red port of the **Disc** node and then navigate to **Object** to add the **Object** port. Add a **Bounding Box** node by navigating to **New Node | XPresso | General**.

Click on the red port of the **Bounding Box** node to view the ports that you can access. The **Box Point 1** port to **Box Point 8** ports output the coordinates of the corner points that make the bounding box. Link the **Object** output port of the **Disc** node to the **Object** input port of the **Bounding Box** node.

To calculate the radius of the disc we need the **Y** size of the bounding box. The **Box Size** port outputs the maximum dimensions of the bounding box in the **X**, **Y**, and **Z** directions as a vector data type. Therefore, we need to convert vector data to real. We will use the **Vector2Reals** node to convert vector data to real data. Let's do that.

2. Add a **Vector2Reals** node by navigating to **New Node | XPresso | Adapter**. Link the **Box Size** port of the **Bounding Box** node to the **Input** port of the **Vector2Reals** node.

The radius of the **Disc** object will be half the value of the Y-size of the bounding box. Therefore, we need to add a **Math** node to calculate the radius.

3. Add a **Math** node by navigating to **New Node | XPresso | Calculate**. Link **Y** port of the **Vector2Reals** node to the top **Input** port of the **Math:Add** node. On the **Attribute Manager | Node** tab of the **Math:Add** node, change **Function** to **Divide**. In the **Parameter** tab, change the value of **Input 2 [2]** to **2**. Add a **Result** node by navigating to **New Node | XPresso | General**. Link the **Output** port of the **Math:Divide** node to the **Result** node.

Notice that **100** appears on the **Result** node. This is expected as the default value of the **Outer Radius** attribute of **Disc** primitive is **100**. Now, change the scale of the **Disc** object in **Perspective** view. The change in radius will be displayed on the **Result** node. Fig. 3 shows the node network. See the **x2-bounding-node.c4d** file.

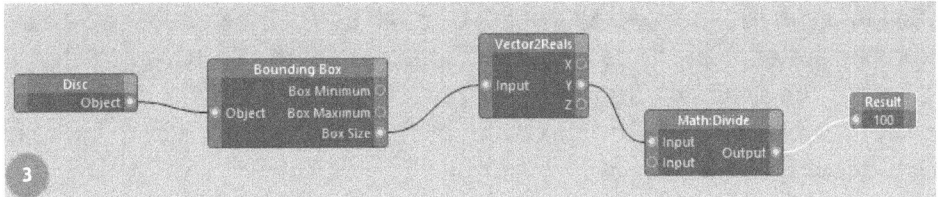

Collision

This node allows you to detect collision between two polygonal objects. This can be useful for example, if you want to trigger an alarm when a character touches a trip wire. In the following steps, we will detect collision between two objects and then change the display color of one of the object when they collide with each other. Follow these steps:

1. Create a **Cone** and a **Disc** object and then change their orientation [Fig. 4]. Make both objects editable by using the **C** key.

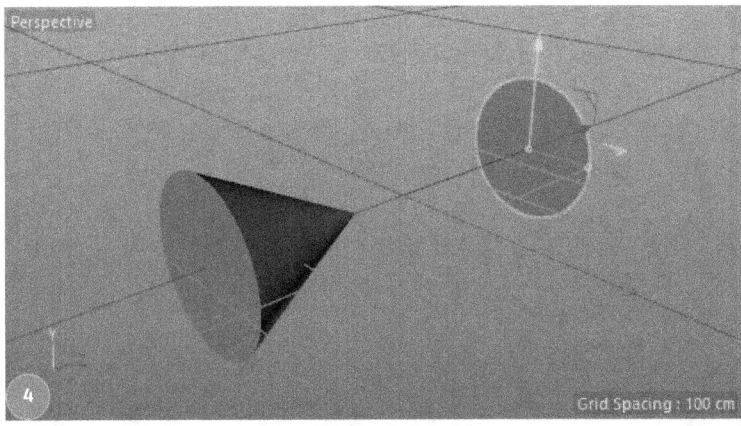

2. Create a **Null** object. In **Object Manager**, navigate to **Tags | CINEMA 4D Tags | XPresso** to add an **XPresso Expression** tag to Null. Drag **Cone** and **Disc** from **Object Manager** to **XPresso Editor**.

3. Click on the red port of the **Cone** node and navigate to **Object**. Repeat the process for the **Disc** node. Create a **Collision** node by navigating to **New Node | XPresso | General**. Link the **Object** port of the **Cone** node to the **Object 1** port of the **Collision** node. Link the **Object** port of the **Disc** node to the **Object 2** port of the **Collision** node.

4. Add a **Condition** node by navigating to **New Node | XPresso | Logic**. Link the **Collision** port of the **Collision** node to the **Switch** port of the **Condition** node. On the **Attribute Manager | Node** tab of the **Condition** node, change **Data Type** to **Color**.

The **Collision** port of the **Collision** node outputs a value of type boole: **True [1]** or **False [0]**. Here, we will pass this value to the **Switch** port of a **Condition** node with the data type set to **Color**.

The **Condition** node allows us to navigate through two or more states. You can add n number of states to the node. The value specified for the **Switch** port determines which state the **Condition** node will output. For example, if the **Switch** value is set to **0**, the node outputs the top state. If the **Switch** value is set to **1**, the node outputs second state.

If you are on the last state, adding **1** to the **Switch** value jumps back to the first state. This way you can easily cycle through various states of the **Condition** node. Here, if the **Collision** node outputs a value of **0** [no collision], we will change the color of **Disc** to green else [collision] we will change color to red.

5. In the **Parameter** tab, set green and red colors for **Input [2]** and **Input [3]**, respectively.

6. Double-click in **Material Manager** to create a new material and then rename it as **matDisc**. Apply the **matDisc** material to **Disc** in the **Perspective** viewport. Drag **matDisc** from **Material Manager** to **XPresso Editor**. Click on the blue port of the **matDisc** node and then navigate to **Color | Color | Color**. Link **Output** port of the **Condition** node to the **Color** port of the **matDisc** node. Notice in the **Perspective** viewport, **Disc** is displayed in green color [Fig. 5].

7. Move **Cone** toward the **Disc**. The color of the **Disc** will change to red [Fig. 6] when both objects collide with each other. Fig. 7 shows the node network. See the **x2-collision-node.c4d** file.

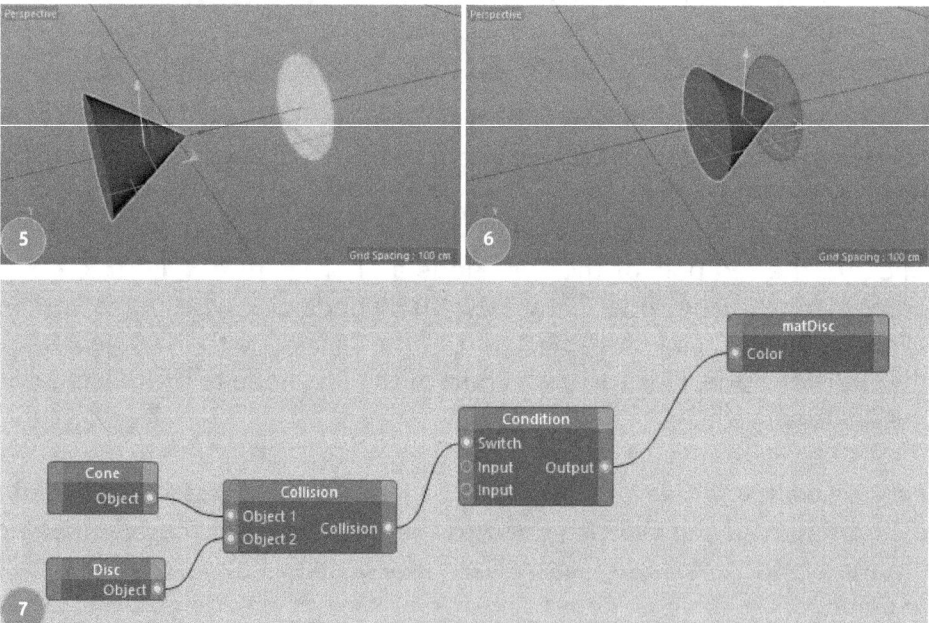

Color Temperature
You can use this node to convert **Kelvin** light source temperatures to **RGB** values.

The following table shows the temperature values of the commonly used light sources.

Table 1: Temperature values

Light Source	Kelvin temperature	R G B Values
Candle	1900	255, 147, 41
40W Tungsten	2600	255, 197, 143
100W Tungsten	2850	255, 214, 170
Halogen	3200	255, 241, 224
Carbon Arc	5200	255, 250, 244
High Noon Sun	5400	255, 255, 251
Direct SunLight	6000	255, 255, 255
Overcast Sky	7000	201, 226, 255
Clear Blue Sky	20000	64, 156, 255

In the following steps, let's simulate color of a candle flame [1900K]:

1. Create a scene of your choice and then create a **Light** object in the scene. In **Object Manager**, navigate to **Tags | CINEMA 4D Tags | XPresso** to add an **XPresso Expression** tag. Drag **Light** from **Object Manager** to **XPresso Editor**. Add a **Constant** node by navigating to **New Node | XPresso | General**. On the **Attribute Manager | Node** tab of the **Constant** node, change the value of **Value** to **1900**.

2. Add a **Color Temperature** node by navigating to **New Node | XPresso | General**. Link the **Output** port of the **Constant** node with to the **Temperature** port of the **Color Temperature** node. Drag the mouse pointer from the **Color** port of the **Color Temperature** node to the blue input port of the **Light** node. Then, navigate to **General | Color | Color** to make the link. Render the scene to view the effect of **Light** in the scene. Fig. 8 shows the node network.

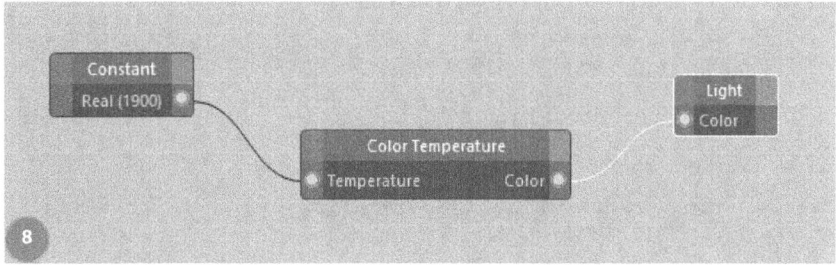

Constant
You can use this node to pass constant values such as numbers, paths, vectors, text strings, date/time values, fonts, and so forth to other nodes and XGroups.

FlipFlop

The **FlipFlop** node [Fig. 9] acts like a boolean switch. This node has three input ports: **On**, **Off**, and **Switch**. If the **On** port is enabled, this node outputs a value of **1**. If the **Off** port is enabled, this node outputs a value of **0** even if the **On** port is still enabled. If the **Switch** port is enabled the result is reversed.

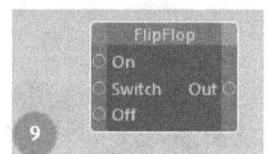

 Caution: FlipFlop Node
The output of the **FlipFlop** node always depends on the port that was last enabled.

Freeze

You can use the **Freeze** node as an electronic on/off switch. If you pass a value of **0** to node's **Switch** port or disable the **Switch** option in node's Attribute Manager, the input value is passed through straight.

However, if you pass a value of **1** for node's **Switch** port or enable the **Switch** option in **Attribute Manager**, the value is frozen and node continues to output same value until you close it once more i.e. either pass a value of **0** to node's **Switch** port or disable the **Switch** option in **Attribute Manager**.

Enough talking, let's dig into this node. Follow the steps given next:

1. Create a **Cube** object. In **Object Manager**, navigate to **Tags | CINEMA 4D Tags | XPresso** to add an **XPresso Expression** tag. Drag **Cube** from **Object Manager** to **XPresso Editor**. Add a **Constant** node by navigating to **New Node | XPresso | General**. This node will supply the on/off mechanism.

2. Add a **Freeze** node by navigating to **New Node | XPresso | General**. Now, add two **Result** nodes by navigating to **New Node | XPresso | General**. Click on the red port of the **Cube** node and then navigate to **Coordinates | Position | Position.Y**. Also, add two **Result** nodes. Next, link the ports [Fig. 10].

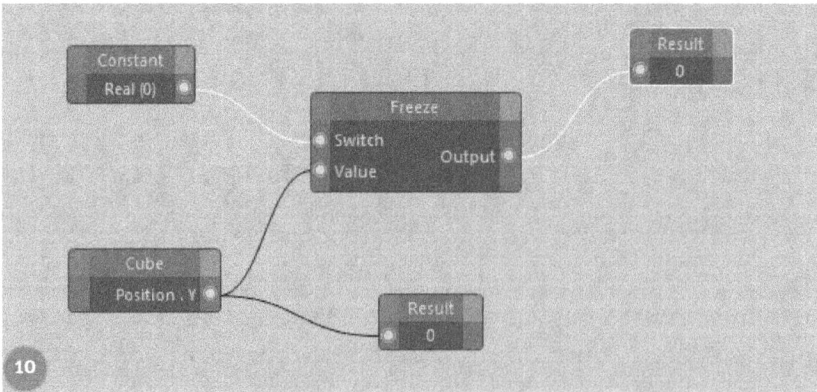

3. Move **Cube** along the +Y axis in the **Perspective** view. Notice that both the **Result** nodes are displaying same value. The value is updated as you move **Cube** because the **Constant** node outputs a value of 0 which essentially means do not freeze the value.

4. In **Coordinate Manager**, specify the value of 200 for **Position Y** [Fig. 11]. The **Result** nodes update the values.

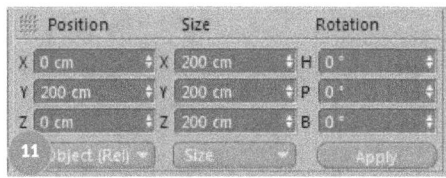

Now, we will freeze the value [200] by passing a value of 1 to the **Switch** port.

5. In the **Attribute Manager | Node** tab of **Constant** node, change the value of **Value** to 1. Now, move **Cube** in the **Perspective** viewport along the +Y axis. Notice only the **Result** node connected to the **Position .Y** port of the **Cube** node is displaying the updated value. The **Result** node connected to the **Freeze** node is displaying the frozen value. See the **x2-freeze-node.c4d** file.

Link List

You can use this node [Fig. 12] to use a limited number of objects in an expression. If you want to output all objects in the list use the **Iteration** node instead. To add objects to the link list, select the **Link List** node, select the **Node** tab and then lock **Attribute Manager**.

Drag objects from **Object Manager** to the **Link List** area in the **Node** tab. The **Index** port lets you access a particular node in the list. For example, if you want to access first object in the list, pass a value of 0 to the **Index** port. The **Link List** node has two output ports: **Link** and **Count**. The **Link** port outputs the index number of the selected object in the link list. The **Count** port outputs the number of objects in the link list.

Memory

This node allows you to use previous states and values. The **History Depth** attribute in the **Node** tab defines the number of states need to be saved. If a value of 1 is specified for **History Depth**, the current state is stored and passed. If a value of 2 is specified for **History Depth**, the current state and previous state are passed. The value passed to the **History Level** port defines which state the node outputs.

> *Caution: Memory Node*
> *If a value higher than **History Depth** is assigned to **History Level**, the **Memory** node outputs the oldest stored state.*

The **Input** port lets you pass a cached value to the node. The value changes according to the animation. Let's put this node in action. Follow the steps given next:

1. Create a **Cube** object and then animate its **Y** position from frame **1** to **20** [Fig. 13].

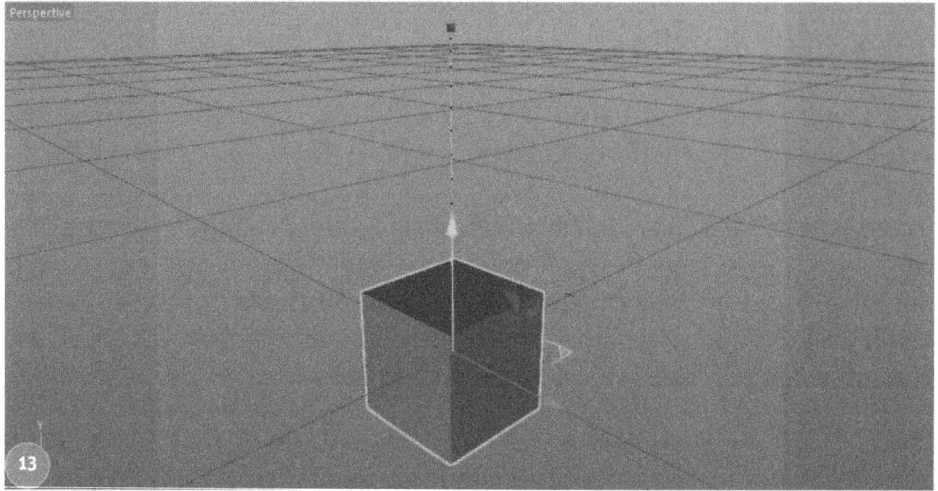

2. Make sure **Cube** is selected in **Object Manager**. Navigate to **Tags | CINEMA 4D Tags | XPresso** to add an **XPresso Expression** tag. Drag **Cube** from **Object Manager** to **XPresso Editor**. Click on the red port of the **Cube** node and navigate to **Coordinates | Position | Position.Y**.

3. Add a **Memory** node by navigating to **New Node | XPresso | General**. Set it's **Data Type** to **Vector**. Add two **Result** nodes by navigating to **New Node | XPresso | General**. Add a **Constant** node by navigating to **New Node | XPresso | General**.

4. Make sure CTI is at frame 0 and then connect nodes [Fig. 14].

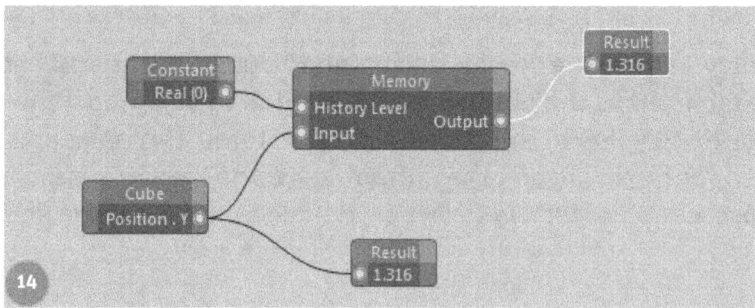

5. On the **Attribute Manager | Node** tab of the **Memory** node, change the value of **History Depth** to **20**. Now, change the value of **Value** in the **Attribute Manager | Node** tab of **Constant** node and scrub the timeline. Check the values two **Result** nodes are displaying. Notice the **Result** node shows value of various states. See the **x2-memory-node.c4d** file.

MonoFlop

The **MonoFlop** node is a boolean switch with a built-in time delay mechanism. Once triggered, the node starts counting down to a specific number of frames. This node outputs a value of **1** [**True**] while count down is in progress.

This node has two modes: **Normal** and **OneShot**. In the **Normal** mode, nothing happens when the node is enabled. The time starts once the node is disabled. In **OneShot** mode, the node starts count down as soon as value of **1** is passed to its **Trigger** port. The **Trigger** port is used to start the count down. It takes a boolean value. You can connect a **Time** node to the **Time** port of the **MonoFlop** node. You can use this port to control the speed of the count down.

The **Duration** port defines the duration of the count down. If you specify a value for this port in **Attribute Manager**, the value defines the duration time in frames. However, if you connect, for example, a **Constant** node to the **Duration** port, the value defines the duration time in seconds. You can reset the internal counter to **0** if you pass down a boole value of **1** to node's **Reset** port. The **Count** port outputs the total number of times the node has been triggered.

Let's say you want to flicker the colors of a **Light** source over time. Here's how you would go about it:

1. Crete a **Null** and a **Light** object. Make sure the **Null** object is selected in **Object Manager** and then navigate to **Tags | CINEMA 4D Tags | XPresso** to add an **XPresso Expression** tag.

We will change the color of the **Light** every **5** frames for **0.06** seconds. Therefore, we need to trigger the **MonoFlop** node every **5** frames for a duration of **0.06** seconds. To achieve this, we need to find out a way to reset counter every **5** frames. We will use the **Modulo** function of the **Math** node to achieve the result we are looking for. This function outputs the integer remainder of a division. For example, **5 MOD 2** would evaluate to **1** because **5** divided by **2** leaves a quotient of **2** and a remainder of **1**. Similarly, **8 MOD 2** would evaluate to **0** because the division of **8** by **2** has a quotient of **4** and leaves a remainder of **0**. To achieve the result, we are looking for, we need to execute the equation "**frame MOD 5**". The result of the equation upto frame **10** is shown below:

```
0 MOD 5 = 0
1 MOD 5 = 1
2 MOD 5 = 2
3 MOD 5 = 3
4 MOD 5 = 4
5 MOD 5 = 0
6 MOD 5 = 1
```

```
7 MOD 5 = 2
8 MOD 5 = 3
9 MOD 5 = 4
10 MOD 5 = 0
```

Notice the result **0** every **5** frames and this is what we were looking for, let's move ahead now.

2. Add a **Time** node by navigating to **New Node | XPresso | General**. Click on the red port of the **Time** node and navigate to **Frame**. Add a **Constant** node by navigating to **New Node | XPresso | General**. On the **Attribute Manager | Node** tab of the **Constant** node, change **Data Type** to **Integer** and **Value** to **5**. Add a **Math** node by navigating to **New Node | XPresso | Calculate | Math:Add**.

3. On the **Attribute Manager | Node** tab of the **Math:Add** node, change **Function** to **Modulo** and **Data Type** to **Integer**. Link **Frame** port of the **Time** node to the top **Input** port of the **Math:Modulo** node. Link **output** of the **Constant** node to the bottom **Input** port of the **Math:Modulo** node. You can connect a **Result** node with the **Math:Modulo** node to check the result as expected. Make sure you set **Data Type** to **Integer** for the **Result** node.

Now, we need to trigger the **MonoFlop** node when **Math:Modulo** node outputs **4**. Let's do it using the **Compare** node.

4. Add a **Compare** node by navigating to **New Node | XPresso | Logic**. Add a **MonoFlop** node by navigating to **New Node | XPresso | General | MonoFlop**. Link the **Output** port of the **Math:Modulo** node to the **Input 1** port of the **Compare** node. On the **Attribute Manager | Parameter** tab of the **Compare** node, change the value of **Input 2** to **4**. The **Output** port of the **Compare** node will output a boole data type that we will use to trigger the **MonoFlop** node.

5. Link **Output** port of the **Compare** node to the **Trigger** port of the **MonoFlop** node. Link **Time** port of the **Time** node to the **Time** port of the **MonoFlop** node. Add a **Constant** node by navigating to **New Node | XPresso | General**. On the **Attribute Manager | Node** tab of **Constant** node, change the value of **Value** to **0.06**. Link **Output** port of the **Constant** node to the **Duration** port of the **MonoFlop** node.

The **Out** port of the **MonoFlop** node outputs **1**, if the countdown is in progress. We will feed this value to the **Condition** node with **Data Type** set to **Color**.

6. Add a **Condition** node by navigating to **New Node | XPresso | Logic**. Link the **Out** port of the **MonoFlop** node to the **Switch** port of the **Condition** node. On the **Attribute Manager | Node** tab of **Condition** node, change **Data Type** to **Color**. In the **Parameter** tab, set the **Input [2]** and **Input [3]** swatches to red and green color, respectively.

7. Drag **Light** from **Object Manager** to **XPresso Editor**. Click on the blue port of the **Light** node and then navigate to **General | Color | Color**. Link **Output** port of the **Condition** node to the **Color** port of the **Light** node. Add some geometry in the scene and play the animation.

The color of the **Light** flickers between red and green colors. Fig. 15 shows the node network. See the **x2-monoflop-node.c4d** file.

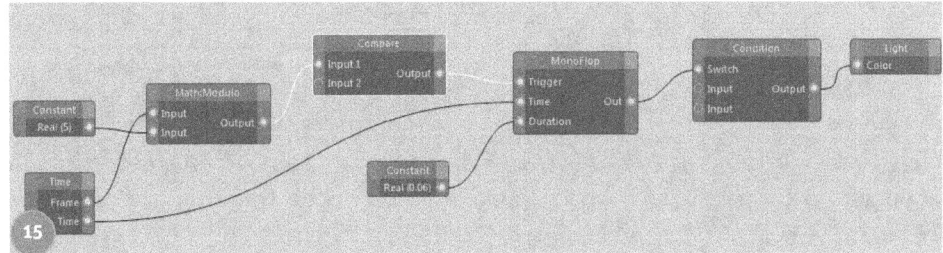

Point

You can use this node to access information about an object's point. You can access number of points, their positions, and normals. In the following steps, we will find position of a point on the **Plane** object:

1. Create a **Plane** object. With **Plane** selected in **Object Manager**, change the value of **Width Segments** and **Height Segments** to **1** in the **Attribute Manager | Object** tab of the **Plane** object. Next, make **Plane** editable. Add **XPresso Expression** tag to **Plane**. Drag **Plane** from **Object Manager** to **XPresso Editor**. Add the **Object** port [output] to the **Plane** node.

2. Add a **Point** node by navigating to **New Node | XPresso | General**. Link **Plane | Object** to **Point | Object**.

3. Add a **Constant** node by navigating to **New Node | XPresso | General**. Link **Constant** to **Point | Point Index**. Add a **Result** node by navigating to **New Node | XPresso | General**. Connect **Point | Point Count** to **Result**. Add a **Result** node by navigating to **New Node | XPresso | General**. Connect **Point | Point Position** to **Result**. On the **Attribute Manager | Node** tab of the **Result** node, change **Data Type** to **Vector**.

The **Plane** object has four points. You can access position of these points by changing the value of Value [0-3] in the **Attribute Manager | Node** tab of the **Constant** node. You can verify the position of a point by selecting it and then checking its **Position** values in **Coordinate Manager**. Fig. 16 shows the node network. See the **x2-point-node.c4d** file.

Noise

You can use this node to generate random numbers. You can use the output of this node to randomize attributes of another object. In the following steps, we will create a **Light** flickering effect by connecting the output of the **Noise** node with the **Intensity** attribute of a **Light** object. Follow the steps given next:

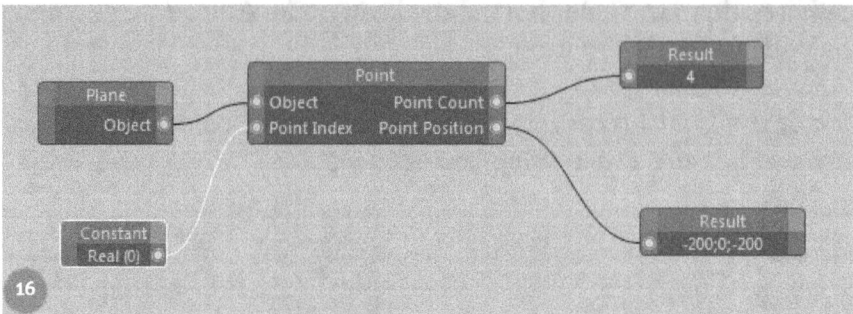

1. Create a **Light** object. Add **XPresso Expression** tag to it. Drag **Light** from **Object Manager** to XPresso Editor. Add a **Noise** node by navigating to **New Node | XPresso | General | Noise**. Add the **Time** port [input] to the **Noise** node.

2. Add a **Time** node by navigating to **New Node | XPresso | General**. Link **Time | Time** to **Noise | Time**. Add the **General | Intensity** port [input] to the **Light** node. Connect **Noise | Noise** to **Light | Intensity**.

3. On the **Attribute Manager | Node** tab of **Noise** node, change **Noise Type** to **Wavy Turbulence**. Also, select the **Positive Only** check box. In the **Parameter** tab, change the value of **Octaves** to **10** and **Frequency** to **5**.

The **Noise** node supports four types of noise algorithms. These are: **Noise, Turbulence, Wavy Turbulence**, and **Fractal Brown Movement**. The **Wavy Turbulence** algorithm causes abrupt change in the noise motion. When the **Positive Only** check box is selected, the **Noise** node only outputs the positive values.

The **Octaves** option defines the level of detail of the noise pattern. Use higher values to create more fluctuations in the values. The **Frequency** option controls the change in noise pattern per unit of time. Add some geometry in the scene and play the animation to see the flickering effect. Fig. 17 shows the node network. See the **x2-noise-node.c4d** file.

Object

The **Object** node in CINEMA 4D represents an object, material, or tag. To quickly create an **Object** node, drag the material, object, or tag from **Material Manager** or

Object Manager. If you create a new **Object** node by using the RMB contextual menu, the node is automatically assigned to the node on which the **XPresso Expression** tag is applied. You can reassign the object to the **Object** node, follow the steps given next:

1. Create a **Cube** and a **Cylinder** object. Add the **XPresso Expression** tag to **Cube**. Add the **Object** node by navigating to **New Node | XPresso | General**. Notice in **XPresso Editor**, CINEMA 4D assigns the node to the **Cube** object. With the **Cube** node selected in **XPresso Editor**, lock its **Attribute Manager**.

2. Drag the **Cylinder** object from **Object Manager** to the **Reference** field of **Attribute Manager** to reassign the **Object** node to the **Cylinder** object. See the **x2-object-node.c4d** file.

Object Index
This node allows you to find an index when you are using iterators. In the following steps we will create six **Light** objects and then change color of one of the lights. Here's how:

1. Create a **Light** object. Create five more copies of the **Light** object using **Ctrl**. Add a **Null** object and assign the **XPresso Expression** tag to it.

2. Add a **ObjectList** node by navigating to **New Node | XPresso | Iterator**. With the **ObjectList** node selected, lock its **Attribute Manager**. Select **Light** in **Object Manager**.

3. Hold **SHIFT** and then select **Light.5**. Drag the selected objects from **Object Manager** to **Iteration List** in **Attribute Manager**. Make sure the order of the objects is as shown in Fig. 18.

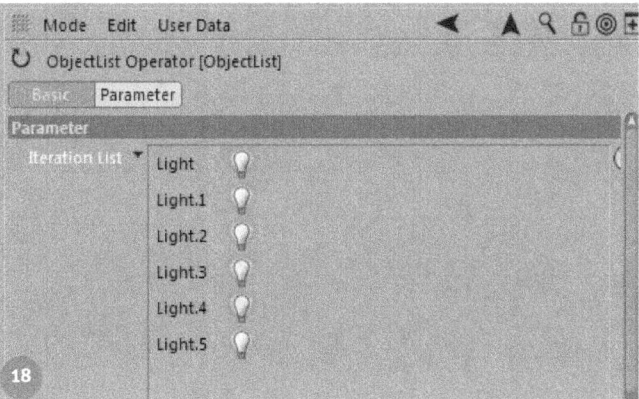

4. Unlock **Attribute Manager**. Add an **Object Index** node by navigating to **New Node | XPresso | General**. In **XPresso Editor**, connect **ObjectList | Instance** to **Object Index | Instance**. Drag **Light** from **Object Manager** to **XPresso Editor**. Add the **General**

| **Color** | **Color**, **Object**, and **On** ports [input] to the **Light** node. Connect **Object Index** | **Instance** to **Light** | **Object**.

5. Add a **Constant** node by navigating to **New Node** | **XPresso** | **General**. On the **Attribute Manager** | **Node** tab of **Constant** node, change **Data Type** to **Color**. Also, specify the red color for the **Value** option. Link **Constant** | **Color** to **Light** | **Color**. Add a **Compare** node by navigating to **New Node** | **XPresso** | **Logic**. Link **Object Index** | **Index** to **Compare** | **Input 1**. On the **Attribute Manager** | **Node** tab of **Compare** node, change **Data Type** to **Integer**. Also, change **Function** to **==**. In the **Parameter** tab, change value of **Input 2** to **3**.

The index begins with **0** so specifying a value of **3** to **Input 2** will reference to the 4th **Light** object [**Light.3**] in the list.

6. In **XPresso Editor**, link **Compare** | **Output** to **Light** | **On**. Notice the color of the 4th **Light** object changes to red in the **Perspective** viewport [Fig. 19]. Fig. 20 shows the node network. See the **x2-ObjectIndex-node.c4d** file.

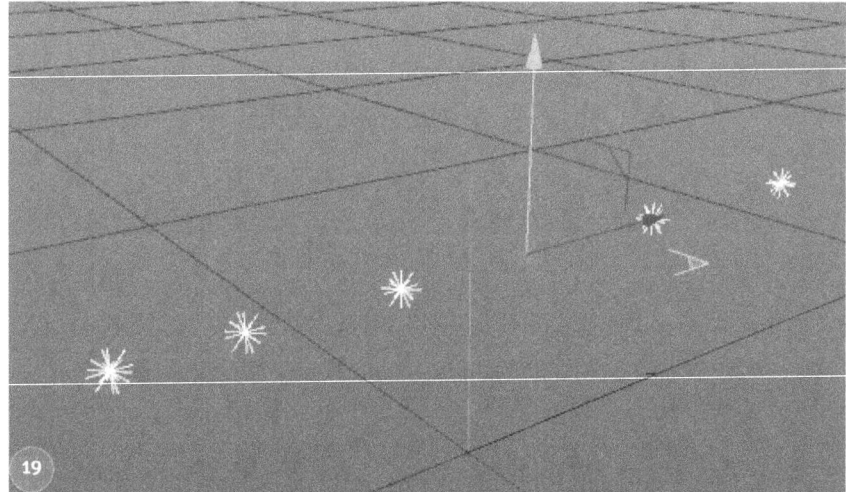

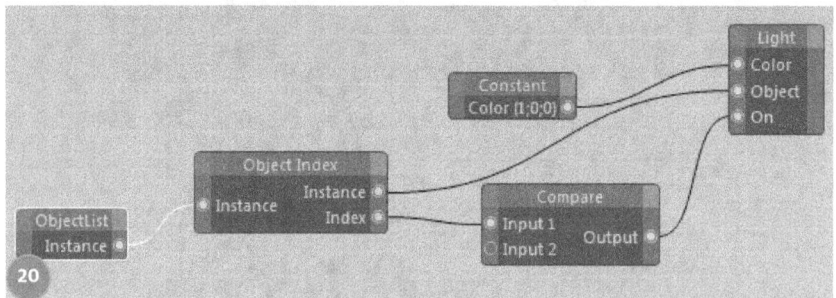

Polygon

This node helps you to find information about an object's number of polygons and their positions. Follow the steps given next to calculate center of a polygon:

1. Create a **Plane** object. With the **Plane** object selected in **Object Manager**, change the value of **Width Segments** and **Height Segments** to **2** in the **Object** tab

of **Attribute Manager**. Next, press **C** to make object editable. Add an **XPresso Expression** tag to the **Plane** object. Add a **Polygon** node by navigating to **New Node | XPresso | General | Polygon**.

2. Drag **Plane** from **Object Manager** to **XPresso Editor**. Add the **Object** port to the **Plane** [output]. Link **Plane | Object** to **Polygon | Object**. Add a **Result** node by navigating to **New Node | XPresso | General**. Connect **Polygon | Polygon Count** to **Result**.

Notice **4** appears on the **Result** node which is the total number of polygons of the **Plane** object.

3. Add a **Constant** node by navigating to **New Node | XPresso | General**. With the **Constant** node selected, change value of **Value** to **4** in the **Attribute Manager | Node** tab. Connect **Constant** to **Polygon | Polygon Index**. Add the **Polygon Center** port to the **Polygon** node. Add a **Result** node by navigating to **New Node | XPresso | General**. On the **Attribute Manager | Node** tab of **Result** node, change **Data Type** to **Vector**. Link **Polygon | Polygon Center** to **Result**.

The **Result** node displays the position of the polygon center. You can choose between the global and local global points by selecting the desired option from the **Attribute Manager | Node** tab | **Matrix Mode** drop-down. The **Polygon Normal** port outputs the normal vector of the polygon which is always perpendicular to the polygon's surface and is one unit in length. Fig. 21 shows the node network. See the **x2-polygon-node.c4d** file.

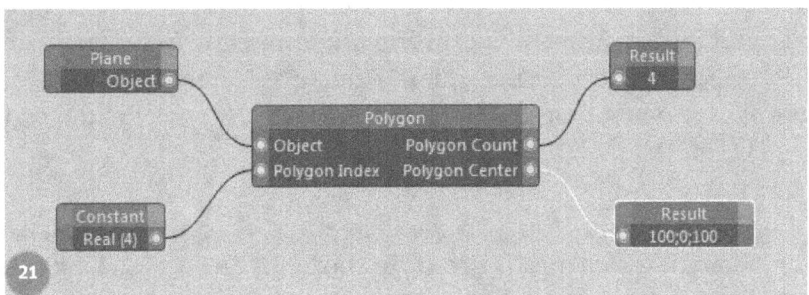

Random

You can use the **Random** node to create random values in the range of -1.0 to +1.0. Two types of modes are available for generating random numbers: **Free** and **Time**. These modes can be accessed from the **Node** tab of the **Random** node. In the **Free** mode, the random numbers are produced each time node is calculated. Therefore, making each animation different. If you select the **Time** mode, same random number is generated per animation frame therefore each animation looks same. You can also restrict this node from generating negative random numbers by selecting the **Positive Only** check box from the **Node** tab of **Attribute Manager**. Follow the steps given next:

1. Create a **Null** object and assign the **XPresso Expression** tag to it. Add a **Constant** node by navigating to **New Node | XPresso | General**. Add a **Result** node by navigating to **New Node | XPresso | General**.

2. Add a **Random** node by navigating to **New Node | XPresso | General**. Add the **Real** port to the **Random** node. On the **Attribute Manager | Node** tab of **Constant** node, change value of **Value** to **150**. Link **Constant** to **Random | Random Seed**. Connect **Random | Real** to **Result**.

Play the animation; notice a random number is displayed on the **Result** node. Fig. 22 shows the node network. See the **x2-random-node.c4d** file.

Ray Collision

The **Ray Collision** node generates a ray between two points and checks whether its hits a polygon object. The vector between the two points represents the ray. This node only works with the polygonal objects. In the following steps, we will generate ray between two **Null** objects and change color of a polygonal cube if the ray hits the cube:

1. Create a **Cube** object in the scene and then make it editable. Create a new material and apply it to **Cube**. Create three **Null** objects. Select **Null** in **Object Manager** and add an **XPresso Expression** tag to it. Drag **Null.1**, **Null.2**, and **Cube** from **Object Manager** to **XPresso Editor**. Add a **Ray Collision** node by navigating to **New Node | XPresso | General**. Add a **Condition** node by navigating to **New Node | XPresso | Logic**.

2. Add the **Object** port [output] to the **Cube** node. Add the **Coordinates | Global Position | Global Position** port [output] to the **Null.1** and **Null.2**. Link **Cube | Object** to **Ray Collision | Object**. Link **Null.1 | Global Position** to **Ray Collision | Ray Point1**. Link **Null.2 | Global Position** to **Ray Collision | Ray Point2**.

The **Ray Point1** and **Ray Point2** ports define the two points between which the ray is generated. These two points also allow you to define the length and direction of the ray. In event of a collision, the **Collision** port outputs a boole value of **1**. A value of **0** defines that the ray missed the object.

3. Link **Ray Collision | Collision** to **Condition | Switch**. On the **Attribute Manager | Node** tab of **Condition** node, change **Data Type** to **Color**. In the **Parameter** tab, specify the red and green colors for **Input [2]** and **Input [3]**, respectively.

4. Drag **Mat** from **Material Manager** to **XPresso Editor**. Add the **Color | Color | Color** port [input] to the **Mat** node. Link **Condition | Output** to the **Mat | Color**.

Now, move the **Null** objects in the viewport. In the event of a collision, the color of the **Cube** will change to green [Fig. T23 and T24]. Fig. 25 shows the node network. See the **x2-ray-collision-node.c4d** file.

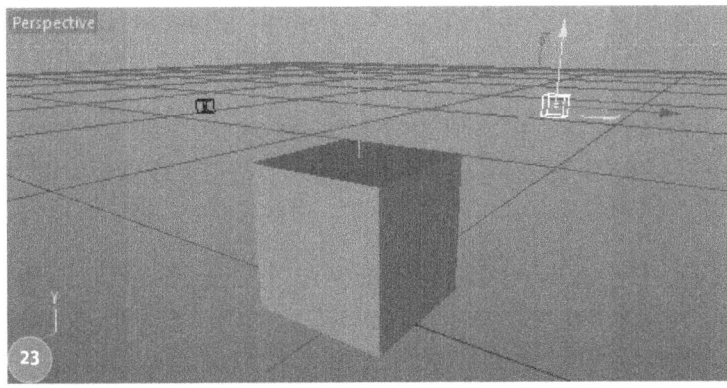

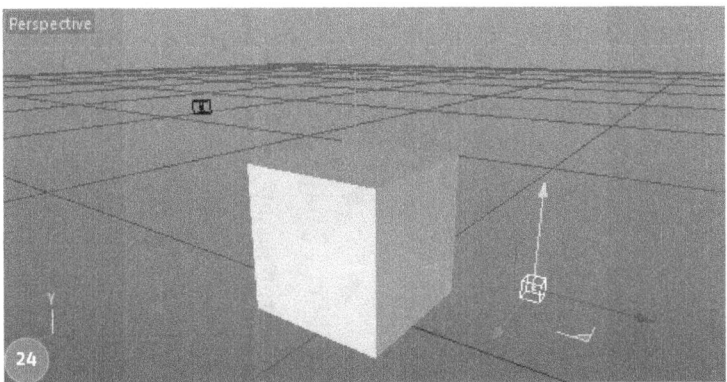

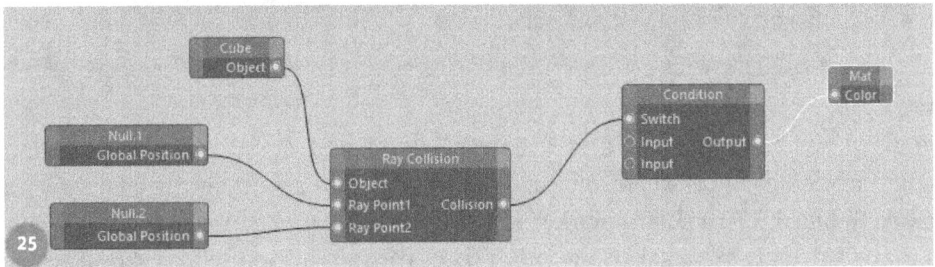

Reference

You can use this node to access an object using the relative search path. The path is described by the letters **U**, **D**, **N**, and **P**. The **U** and **D** options allow you to move up or down in a hierarchy. The **N** and **P** options can be used to move to the next or previous element in a hierarchy. Let's see this in action, follow the steps given next:

1. Create a **Null** and a **Cube** object. Make **Cube** child of **Null**. Add an **XPresso Expression** tag to **Null**. Drag **Null** from **Object Manager** to **XPresso Editor**. Add a **Constant** node by navigating to **New Node | XPresso | General**.

2. Add a **Reference** node by navigating to **New Node | XPresso | General**. On the **Attribute Manager | Node** tab of **Constant** node, change **Data Type** to String. Also, change the value of **Value** to **D**. Add **Object** port [output] to the **Null** node.

3. Link **Null | Object** to **Reference | Instance** and **Constant** to **Reference | Path**. Drag **Null** from **Object Manager** to **Xpresso Editor**. Add the **Object** port [input] to the **Null** node you just created. Next, add the **Basic Properties | Name** port [output] to the **Null** node.

The input **Instance** port of the **Reference** node allows you to define the object where the search path begins. The path starts from the object that is connected to input **Instance** port.

4. Link **Reference | Instance** to **Null | Object** you just created. Add a **Result** node by navigating to **New Node | XPresso | General**. On the **Attribute Manager | Node** tab of **Result** node, change **Data Type** to **String**.

5. Link **Null | Name** to **Result**. Notice **Cube** is displayed on the **Result** node. With the **Constant** node selected, change the value of **Value** to **U**. Notice **Null** is displayed on the **Result** node. Fig. 26 shows the node network. See the **x2-ray-reference-node.c4d** file.

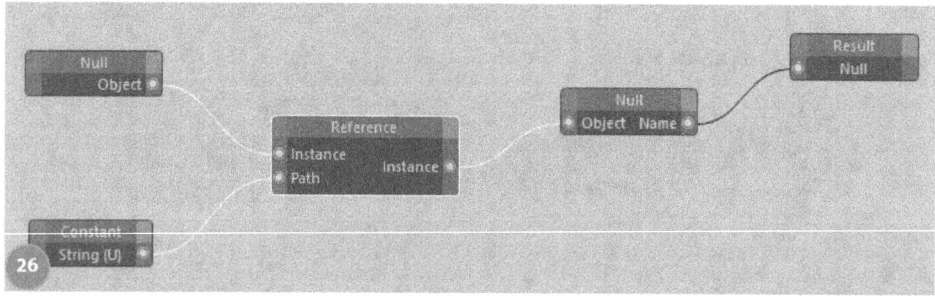

Remark
You can use the **Remark** node to create sticky notes. It will help you to visually organize nodes in **XPresso Editor**. Add a **Remark** node by navigating to **New Node | XPresso | General**. With the **Remark** node selected, enter comment in the **Comment** field in the **Attribute Manager | Node** tab. The comment appears on the **Remark** node.

Result
The **Result** node is a troubleshooting tool which allows you to check if a value is correct or not. You can use this node to display output of a calculation. The data type of the result can be changed from the **Attribute Manager | Node** tab of the **Result** node.

Sound
You can use this node to load and playback sound in the viewport. The supplied audio file must in one of the formats that CINEMA 4D supports, for example, the **wav** files.

> **Caution: Audio in XPresso Editor**
> The audio will not be available on rendering the scene.

On the **Attribute Manager | Node** tab of the **Sound** node, you can use the **Filename** attribute to load the sound file. Click on the browse button located next to the **Filename** field to open the **Open File** dialog. In this dialog, navigate to the file that you intend to use and click on the **Open** button to load the file. The **Probe** attribute defines the number of samples that will be used to calculate the amplitude of the sound. Higher the value you specify for the **Probe** attribute, more damp sound will be.

In the following steps, we will play an audio file when two objects collide with each other:

1. Open the **x2-collision.c4d** file. Double-click on the **XPresso Expression** tag in **Object Manager** to open **XPresso Editor**. Delete the **Condition** and **matDisc** nodes. Add a **Sound** node by navigating to **New Node | XPresso | General**.

2. On the **Attribute Manager | Node** tab of the **Sound** node, click on the browse button located next to the **Filename** attribute to open the **Open File** dialog. Next, select the **tada.wav** and then click on the **Open** button to load the file and close the dialog.

3. Add the **Play** input port to the **Sound** node. Link **Collision | Collision** to **Sound | Play**. Now, move **Cone** toward the **Disc** in the 3D view. The color of the **Disc** changes to red and also a sound is played if the collision event occurs. Fig. 27 shows the node network. See the **x2-sound-node.c4d** file.

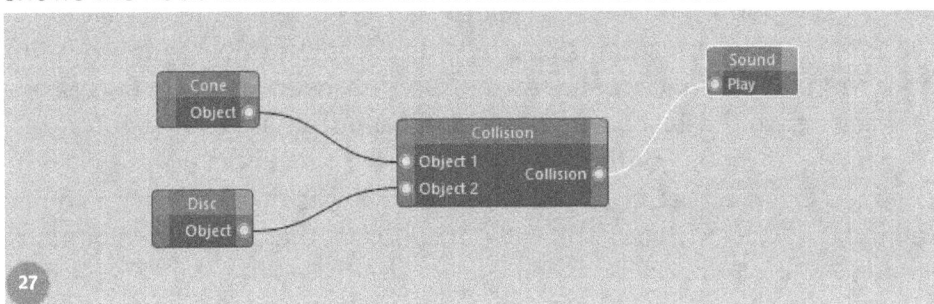

Spline
This node allows you to locate points along a spline.

Spy
The **Spy** node is like the **Result** node and is used for trouble shooting. Unlike the **Result** node, which has an input, the **Spy** node has an input and an output port. Use the **Result** node if you don't want to pass on the value to the next port otherwise use the **Spy** node. In the following steps, we will use the **Spy** node to check the value:

Open the **x2-vector-to-reals.c4d** file. On **Object Manager**, double-click on the **XPresso Expression** tag to open **XPresso Editor**.

1. Delete the connection between the **Null** and **Vector2Reals** nodes. Add a **Spy** node by navigating to **New Node | XPresso | General**. Link **Null | Global Rotation** to **Spy**.

2. Link **Spy** to **Vector2Reals | Input**. On the **Attribute Manager | Node** tab of the **Spy** node, change **Data Type** to **Vector**. Notice the **Spy** node is displaying the value and passing it on to the **Vector2Reals** nodes. Fig. 28 shows the node network. See the **x2-spy-node.c4d** file.

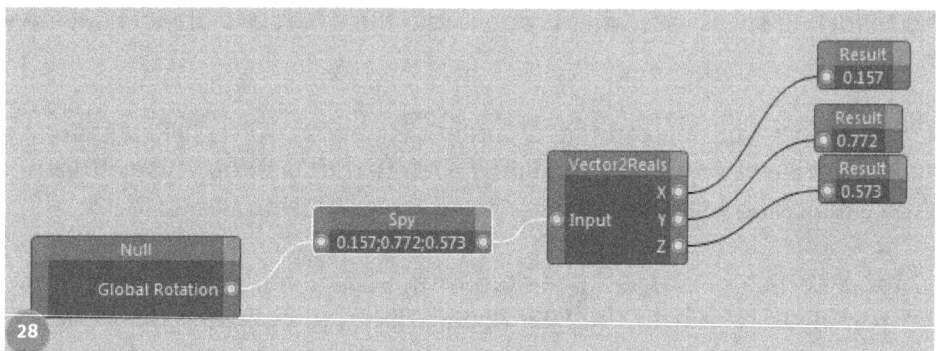

 Caution: Delete unwanted troubleshooting nodes
*The **Spy** and **Result** nodes slow down the calculation. Therefore, you must delete all troubleshooting nodes, if they are not required in the node network.*

Time

The **Time** node gives you access to various temporal data of an animation using various output ports. The **Real** port outputs the current time in seconds from the beginning of the animation. The **Time** port also outputs the current time in seconds from the beginning of the animation. However, internal calculations are more precise than the **Real** port. The **Frame** port outputs the current frame from the beginning of the animation. The **Frames per second** port outputs the frame rate defined in **Project Settings**. The **Start** port outputs the start of the animation as defined in **Project Settings**. The **End** port outputs the end of the animation as defined in **Project Settings**. The **Loop start** port outputs the start of the preview area in seconds. The **Loop end** port outputs the end of the preview area in seconds. The preview area is the green area of the timeline. The **Delta** port outputs the time interval between two frames in seconds. The **Previous** port outputs time before the current frame.

Track

This node can be used to output the animation value represented by the **FCurve** of a given animation track. In the following steps, we will use the **Position.Y** track of an animated cube to output the animation value. Follow the steps given next:

1. Create a **Cube** object and then animate its **Y** position. RMB-click on the **Cube** object in the **Perspective** viewport and select **Show FCurves** from the popup menu [Fig. 29] to open the **Timeline** window.

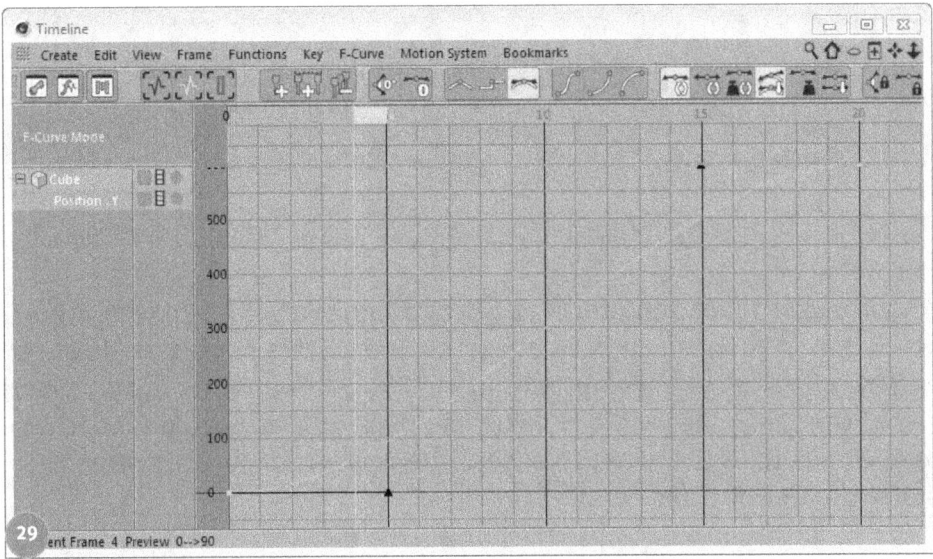

2. In **Object Manager**, add an **XPresso Expression** tag to the **Cube** object. In **XPresso Editor**, add a **Track** node by navigating to **New Node | XPresso | General | Track**. Drag **Position.Y** track from the **Timeline** window to the **Track** node in **XPresso Editor** [Fig. 30].

   💡 *Tip: Moving nodes Using keyboard*
   *You can also drag the animated parameter from **Attribute Manager** to the **Track** node in **XPresso Editor**.*

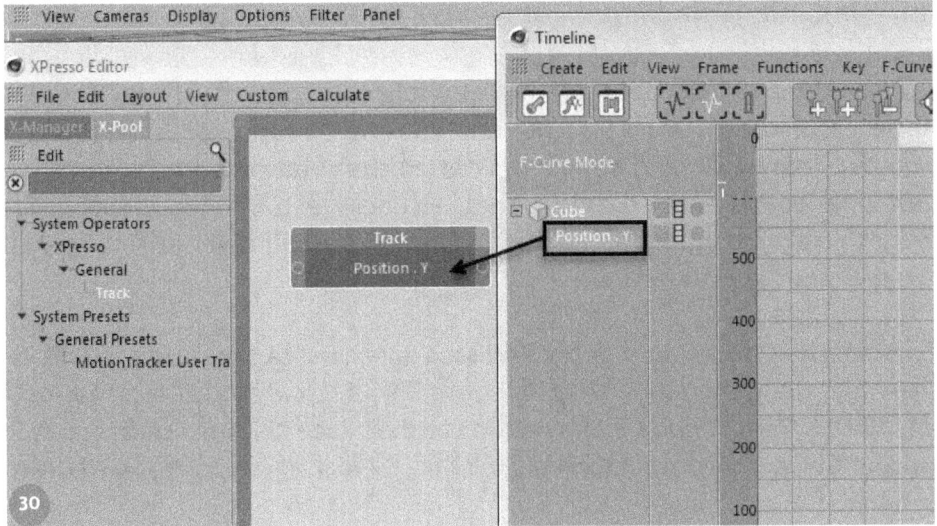

3. Add a **Time** node by navigating to **New Node | XPresso | General**. Add a **Result** node by navigating to **New Node | XPresso | General**.

4. Connect **Time | Time** to **Track** and **Track** to **Result**. Notice the **Result** node shows the value of **Position.Y** FCurve at the current time. Fig. 31 shows the node network. See the **x2-track-node.c4d** file.

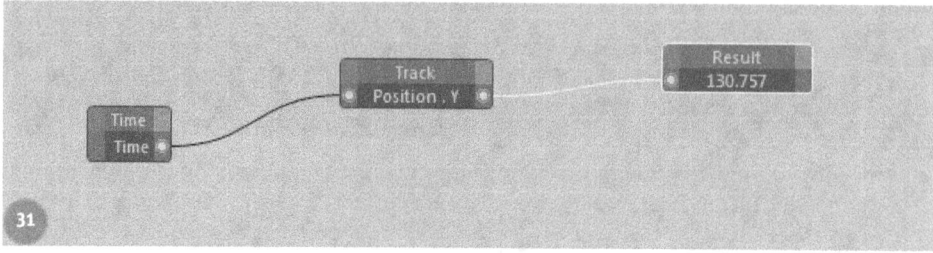

Vertex Color
This node is used to read and set the color and alpha values per object. The values for R, G, B, and Alpha each lies between 0 and 1. This node gives best results when **Vertex Color** is set to **Points Only**. In the **Polygon Points** mode, only 1 average value per vertex can be read or 1 value can be set for all polygons to which the vertex belongs to. If you want to access the **Polygon Points** data structure, you must use the **C++** or **Python** code.

Vertex Map
The vertex maps stores data within a range of **0.0** to **1.0** for each point in the object. This node allows you to read weight values and also lets you change them. The weight values control the strength of points when deformers are applied to the object.

Adapter Group
The XPresso wires automatically converts various data types. However, you can use the nodes under the **Adapter** group to convert one particular data type to another. The **Adapter** group includes the following nodes:

Matrix2Vectors
This node allows you to convert a matrix into four components. These components are **Offset** [also known as **V0**], **V1**, **V2**, and **V3**. The **V0** represents the position of the matrix. The **V1**, **V2**, and **V3** vectors define the rotation and scale of the axis system. The scale is defined by the length of each vector. In the following steps, we will calculate position and rotation vectors of a **Null** object using its matrix. Follow the steps given next:

1. Create a **Null** object and apply **XPresso Expression** tag to it. Move **Null** in the viewport along the **Y** axis. Drag **Null** from **Object Manager** to **XPresso Editor**. Add the **Matrix2Vectors** node by navigating to **New Node | XPresso | Adapter**. Add an output **Global Matrix** port to **Null**. Link **Null | Global Matrix** to the **Metrix2Vectors | Matrix**.

2. Add a **Result** node by navigating to **New Node | XPresso | General**. On the **Attribute Manager | Node** tab of the **Result** node, change **Data Type** to **Vector**. Link **Matrix-**

2Vectors | Offset to **Result**. Notice the **Result** node displays the **Offset** value. You can cross check these values in the **Attribute Manager | Coordinates** tab of **Null**.

3. Create three more copies of the **Result** node by **LMB+CTRL** dragging in **XPresso Editor**. Link the **V1**, **V2**, and **V3** ports with them to view the values of these vectors. Fig. 32 shows the node network. See the **x2-matrix-2-vectors-node.c4d** file.

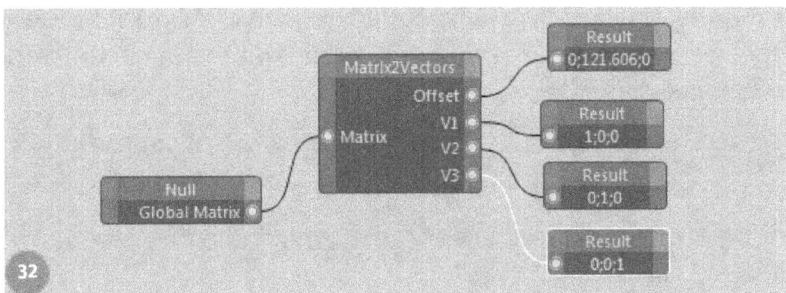

Reals2Vector

This node allows you to convert three real values to a single vector. In the following steps, we will convert an object's **X**, **Y**, and **Z** position values to create a single position vector. Follow the steps given next:

1. Create a **Null** object and apply **XPresso Expression** tag to it. Drag **Null** from **Object Manager** to **XPresso Editor**. Add **Coordinates | Global Position.X**, **Coordinates | Global Position.Y**, and **Coordinates | Global Position.Z** output ports to the **Null** node. Add the **Reals2Vector** node by navigating to **New Node | XPresso | Adapter**.

2. Link **Null | Global Position.X** to **Reals2Vector | X**. Link **Null | Global Position.Y** to **Reals2Vector | Y**. Link **Null | Global Position.Z** to **Reals2Vector | Z**. Add the **Result** node by navigating to **New Node | XPresso | General**. On the **Attribute Manager | Node** tab of the **Result** node, change **Data Type** to **Vector**. Link **Reals2Vector | Output** to **Result** to view the position vector of the **Null** object. Fig. 33 shows the node network. See the **x2-reals-2-vector-node.c4d** file.

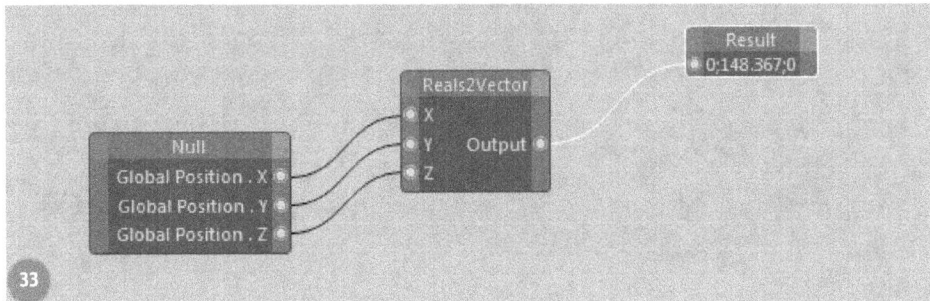

Universal

This node allows you to convert one data type to another. In the following steps you will convert a real value to an integer value:

1. Create a **Null** object and apply **XPresso Expression** tag to it. Add a **Universal** node by navigating to **New Node | XPresso | Adapter | Universal**. Add a **Result** node by navigating to **New Node | XPresso | General**. Add a **Constant** node by navigating to **New Node | XPresso | General**. On the **Attribute Manager | Node** tab of the **Constant** node, change value of **Value** to **3.2**.

2. Link **Constant** to **Universal | Real**. On the **Attribute Manager | Node** tab of **Universal** node, change **Data Type** to **Integer**. Link **Universal** to **Result**. Notice **3** is displayed on the **Result** node. Fig. 34 shows the node network. See the **x2-universal-node.c4d** file.

Vector2Reals

This node performs reverse of the **Reals2Vector** node. You can use this node to split a vector into three real values. Follow the steps given next:

1. Create a **Null** object and apply **XPresso Expression** tag to it. Rotate the **Null** object in the viewport. Drag **Null** from **Object Manager** to **XPresso Editor**. Add the output **Coordinates | Global Rotation | Global Rotation** port to the **Null** node. Add the **Vector2Reals** node by navigating to **New Node | XPresso | Adapter**.

2. Link **Null | Global Rotation** to **Vector2Reals | Input**. Add a **Result** node by navigating to **New Node | XPresso | General**. Link **Vector2Reals | X** to **Result**. Add two more **Result** nodes and connect **Y** and **Z** ports of the **Vector2Reals** node with them. Fig. 35 shows the node network. See the **x2-vector-2-reals-node.c4d** file.

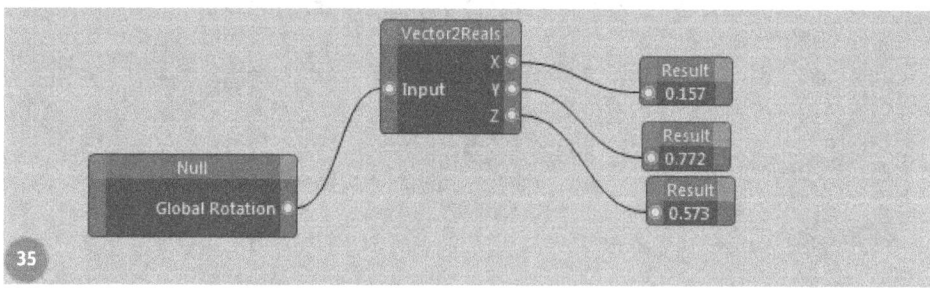

Vectors2Matrix

This node does reverse of the **Matrix2Vectors** node. It converts four vectors [**Offset**, **V1**, **V2**, and **V3**] into a matrix. Follow the steps given next:

1. Create a **Null** object and apply a **XPresso Expression** tag to it. Add a **Constant** node by navigating to **New Node | XPresso | General**. On the **Attribute Manager**

| **Node** tab of the **Constant** node, change **Data Type** to **Vector**. Also, specify [0, 121.606, 0] for the **Value** attribute. Similarly, create three more **Constant** nodes and use the following values for the **Value** attribute:

0.811	-0.405	0.442
0.557	0.755	-0.346
-0.179	0.576	0.838

2. Add a **Vectors2Matrix** node by navigating to **New Node | XPresso | Adapter**. Link the **Constant** nodes with the **Offset**, **V1**, **V2**, and **V3** ports. Create a **Torus** object. Drag **Torus** from **Object Manager** to **XPresso Editor**. Add a **Global Matrix** input port to the **Torus** node.

3. Link **Vectors2Matrix | Matrix** to the **Torus | Global Matrix**. Notice **Torus** rotates in the viewport according to the supplied matrix. Fig. 36 shows the node network. See the **x2-vectors-2-matrix-node.c4d** file.

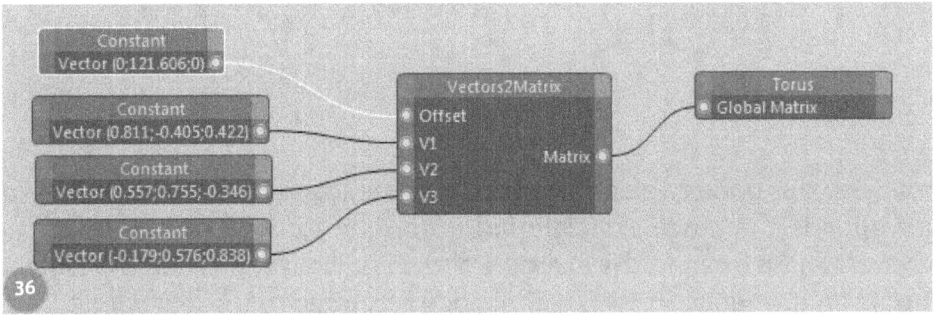

Boole Group

The nodes available in the **Boole** group perform various boolean functions. The **Boole** group includes the following nodes:

Boole

This node outputs two possible states: **True** and **False**. You can change the function of the node by specifying an option for the **Function** attribute from the **Node** tab of the **Boole** node. The **AND** function outputs true, if all the inputs are true, else it outputs false. The **OR** function outputs true, if at least one input is true, else it outputs false. The **XOR** function outputs true, if odd numbers of inputs are true, else it outputs false. The **NAND** function outputs false, if all inputs are true. This function performs reverse of the **AND** function. The **NOR** function performs reverse of the **OR** function. This function outputs false, if at least one input is true. The **NXOR** function performs reverse operation of **XOR**. This function outputs true, if even number of inputs are true, else it outputs false.

NOT

The **NOT** node reverses a boolean value. If you pass a value of true to its input, the output will be false and vice-versa.

Switch

The **Switch** node outputs a boolean constant, true or false.

Calculate Group

The nodes available in the **Calculate** group perform various mathematical functions. The **Calculate** group includes the following nodes:

Absolute

This node outputs the absolute value of the input. You can change the data type by specifying an option for the **Data Type** attribute in the **Node** tab of the **Absolute** node. In the example, shown in Fig. 37 a value of **-8.96** is passed to the **Input** port of the **Absolute** node. The node outputs **8.96**. See the **x2-absolute-node.c4d** file.

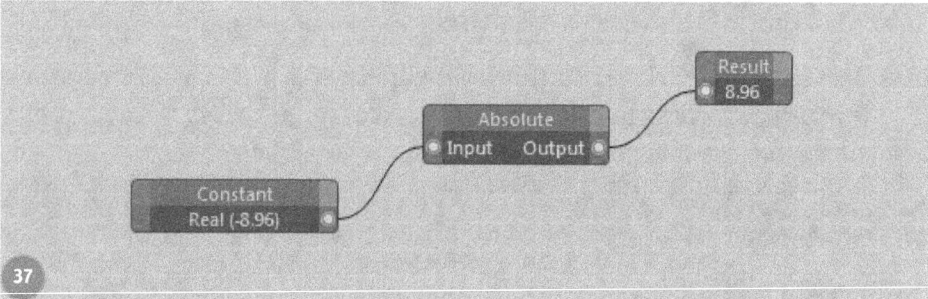

Clamp

You can use this node to clamp the input values to a range of values. The input values outside the range are clamped according to the lower or upper limit, whichever limit is near. In the example shown in Fig. 38, the range is clipped to the upper limit whereas in Fig. 39, the range is clipped to the lower limit. See the **x2-clamp-node.c4d** file.

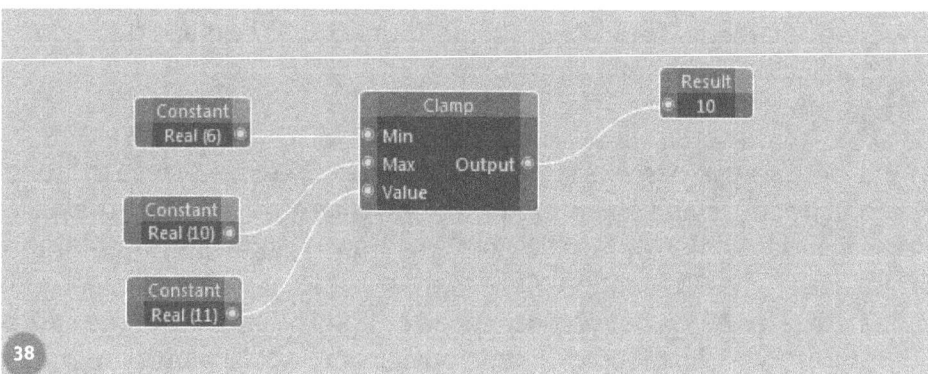

Colorspace

CINEMA 4D gives you ability to work in different color spaces. This node allows you to convert color values from one color space to another. In the following steps, you will convert **RGB** color space to **HSV** color space and then calculate the brightness of the color:

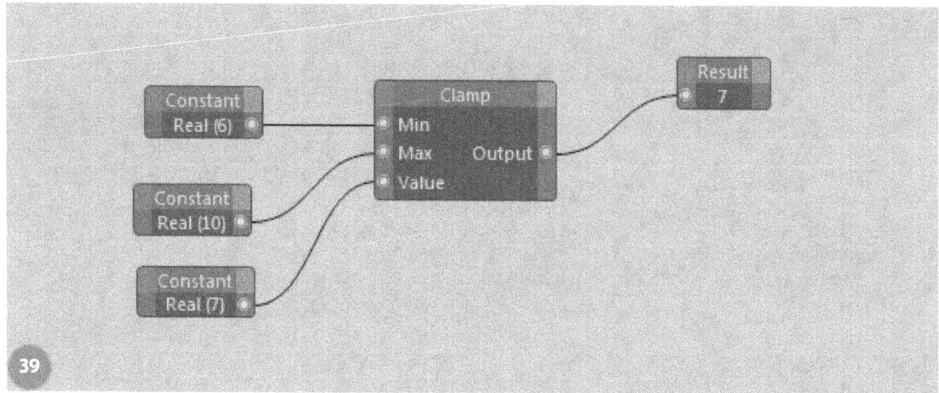

1. Create a **Null** object and apply the **XPresso Expression** tag to it. Add a **Result** node by navigating to **New Node | XPresso | General**. Add a **Constant** node by navigating to **New Node | XPresso | General**. On the **Attribute Manager | Node** tab of the **Constant** node, change **Data Type** to **Color**.

2. LMB click on the color swatch associated with the **Value** attribute and enter **RGB [208, 15, 15]** in the **Color Picker** dialog. Next, click on **OK** to close the dialog. Add a **Colorspace** node by navigating to **New Node | XPresso | Calculate**. On the **Attribute Manager | Node** tab of the **Colorspace** node, make sure the **RGB to HSV** option is specified for the **Function** attribute.

   Tip: Hue
   *If you select **Hue from 0.0 to 360.0** in the **Node** tab, the hue values used will be in degrees instead of radians. If you select **RGB from 0 to 255** in the **Node** tab, the range **0 to 255** will be used instead of default **0.0 to 1.0** range.*

3. Link **Constant | Color** to **Colorspace | Input**.

The color values in CINEMA 4D are vectors. Therefore, we need the **Vector2Reals** node to break the HSV components. The **Z** port of the **Vector2Reals** node outputs the **brightness** [value] component.

4. Add a **Vector2Reals** node by navigating to **New Node | XPresso | Adapter**. Link **Colorspace | Output** to **Vectors2Reals | Input**. Link **Vector2Reals | Z** to **Result** to display the brightness value. Fig. 40 shows the node network. See the **x2-colorspace-node.c4d** file.

Degree

Most of the nodes in CINEMA 4D use **radians** instead of **degrees**. You can use this node to convert degree to radians and vice-versa. You can select the desired method by specifying a value for the **Function** attribute in the **Node** tab of the node. In the example shown in Fig. 41, the **Function** attribute of the **Degree** node is set to **Degree to Radians**. The **Result** node shows value of **90** degrees in radians. See the **x2-degree-node.c4d** file.

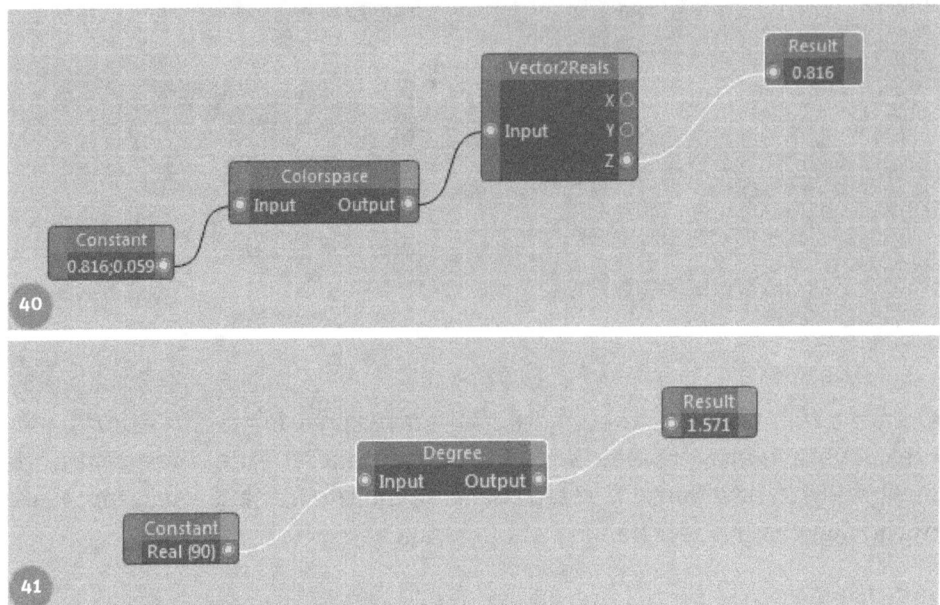

> **Tip: Degree/Radian conversion**
> An angle of **360** degrees corresponds to **2*Pi** radians.

Distance

You can use this node to calculate distance between two positions in 3D space. In the example, shown in Fig. 42, the **Result** node displays distance between two **Null** objects. See the **x2-distance-node.c4d** file.

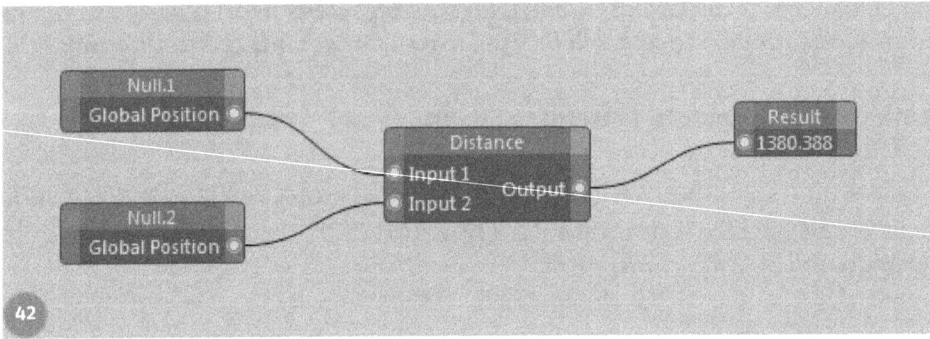

Formula

This node allows you to perform basic math functions. Also, you can use functions such as **SIN**, **COS**, **SQRT**, and **EXP**. In the following steps, you will add numbers using the **Formula** node:

1. Create a **Null** object and apply the **XPresso Expression** tag to the **Null** object. Add three **Constant** nodes and specify values **1**, **5**, and **8** for the **Value** attribute, respectively. Add a **Formula** node by navigating to **New Node | XPresso | Calculate** and then add three input **Value** ports to it.

2. Link **Constant** nodes with the **Value** ports of the **Formula** node. On the **Attribute Manager** | **Node** tab of the **Formula** node, change the value of the **Formula** to **$1+$2+$3**.

In the formula specified above, **$1** represents **Value1** port of the **Formula** node, **$2** represents **Value2** port of the **Formula** node, and so forth. If you want to use the actual port names, select the **Use Port Names** check box and then change **Formula** to **Value1+Value2+Value3**.

4. Add a **Result** node by navigating to **New Node** | **XPresso** | **General**. Link **Formula** | **Output** to **Result**. Notice **14** is displayed on the **Result** node. Fig. 43 shows the node network. See the **x2-formula-node-1.c4d** file.

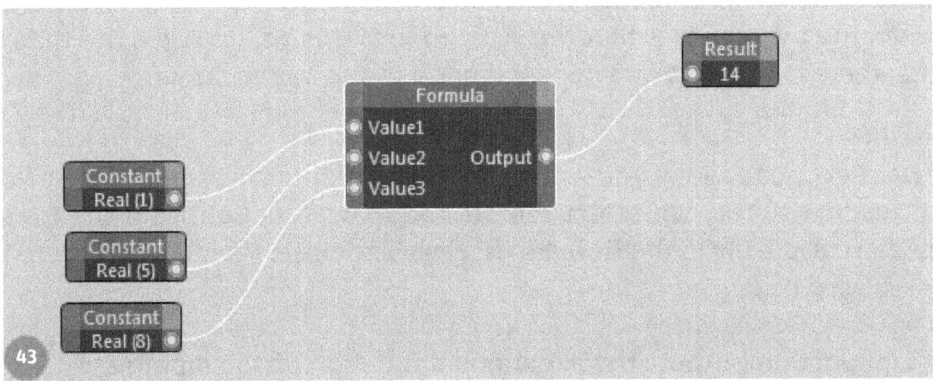

You can also use constants such as **PI** in the **Formula**. In the example shown in Fig. 44, the **Result** node shows the circumference of a circle with the radius of **5**.

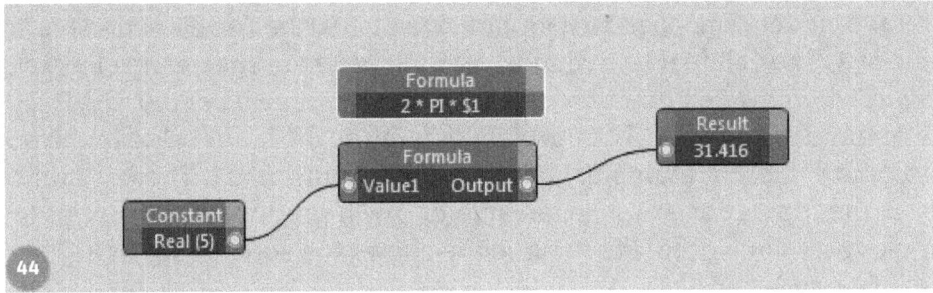

Note: Formula node
The **Formula** node also allows you to enter values in degrees as well as in radians. You can select the desired option from the **Angle Type** drop-down in the **Node** tab.

Math

The **Math** node allows you to perform a mathematical function such as addition, multiplication, and so on. You can set the data type and function from the **Data Type** and **Function** drop-downs, respectively, available in the **Node** tab of **Math** node. In the example shown in Fig. 45, the **Result** node shows modulus of **10** and

3. See the **x2-math-node.c4d** file.

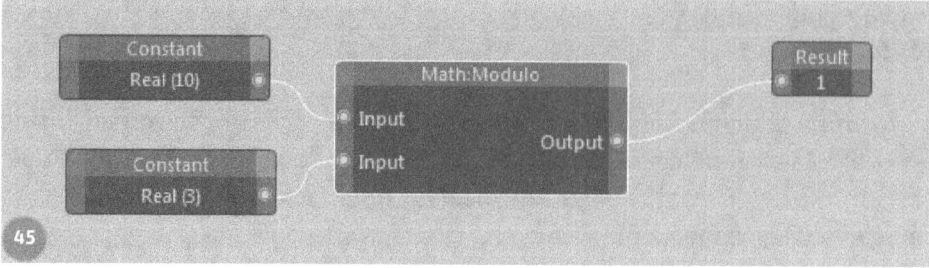

FloatMath

The **FloatMath** node is similar to the **Math** node. However, this node carries out calculations only using the **Real** data type. If you pass any data type other than **Real**, the **FloatMath** node first converts the data type to **Real**. The other difference between the two nodes is that the **Math** node allows you to use more than two inputs whereas the **FloatMath** node is limited to **two** inputs only.

FloatFunc

The **FloatFunc** node allows you to perform calculations using some of the in-built math functions. You can select the desired math function from the **Function** drop-down available in the **Node** tab of **FloatFunc** node. Various math functions are discussed next.

The **Exp** function outputs the exponential function of the input value. The **Ln** function outputs the natural logarithm. The **Ln10** function outputs the logarithm to the **base 10**. The **Sqrt** function outputs the square root of the input value. The **Floor** function rounds the input value to the nearest integer. For example, when the **Floor** function is applied to a input value of **3.9**, the **FloatFunc** node outputs a value of **3**. The **Ceil** function rounds the input value to the nearest integer. For example, when the **Ceil** function is applied to a input value of **3.9**, the **FloatFunc** node outputs a value of **4**. The **Pow** function raises the input value to the power of the input value. For example, **3** raise to power **2** outputs **27**. The **Pow2** function squares the input. For example, a value of **3** will produce the result **9**. In the example shown in Fig. 46, the **Result** node shows the square root of **81**. See the **x2-float-func-node.c4d** file.

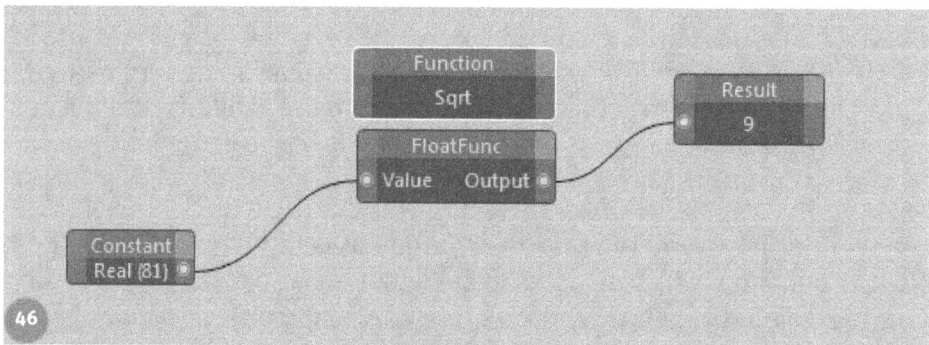

Invert

The **Invert** node allows you to calculate the inverse of the input value. For example, if you a pass the value **20** to the **Input** port of the **Invert** node, this node produces a value of **0.05** [1/20], Fig. 47. See the **x2-invert-node.c4d** file.

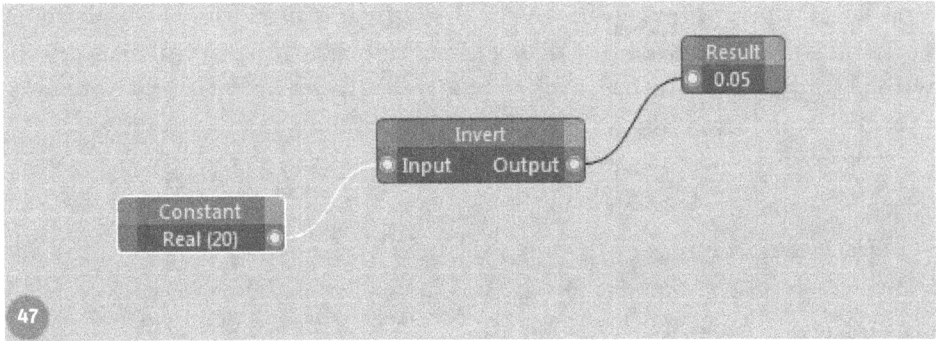

Negate

The **Negate** node negates the input value and outputs the result [Fig. 48]. See the **x2-negate-node.c4d** file.

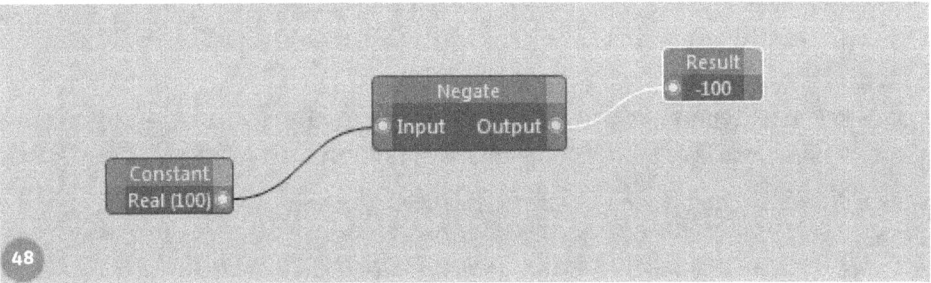

Mix

The **Mix** node allows you to mix two input values and produce the result. The blending of the values is defined by the value passed to the **Mixing Factor** port of the node. In the following example, we will mix two colors.

1. Create a **Null** object and apply the **XPresso Expression** tag to the **Null** object. Add a **Constant** node by navigating to **New Node | XPresso | General**. On the **Attribute Manager | Node** tab of the **Constant** node, select **Color** from the **Data Type** drop-down. Also, specify red color [**RGB: 255, 0, 0**] for the **Value** attribute. Make a copy of the **Constant** node and specify blue color [**RGB: 0, 0, 255**] for its **Value** attribute.

2. Add a **Mix** node by navigating to **New Node | XPresso | Calculate**. On the **Attribute Manager | Node** tab of the **Mix** node, select **Color** from the **Data Type** drop-down. Link **Constant** [red color] to the **Input 1** node of the **Mix** node. Link **Constant** [blue color] to **Input 2**. Add a **Constant** node by navigating to **New Node | XPresso | General**. On the **Attribute Manager | Node** tab of the **Constant** node, change the value of **Value** to **0.5**. This value will be passed to the **Mixing Factor** port. A value of **0.5** blends inputs by **50%** mixing.

3. Link **Constant** to **Mixing Factor**. Add a **Result** node by navigating to **New Node | XPresso | General**. On the **Attribute Manager | Node** tab of the **Result** node, select **Color** from the **Data Type** drop-down. Link **Mix | Output** to **Result**.

4. The **Result** node shows **RGB: 0.5, 0, 0.5**; which represents the **violet** color. If you a pass a value of **0** to the **Mixing Factor** port, the output will be **red** whereas with a value of **1** the output will be **blue**. Fig. 49 shows the node network. See the **x2-mix-node.c4d** file.

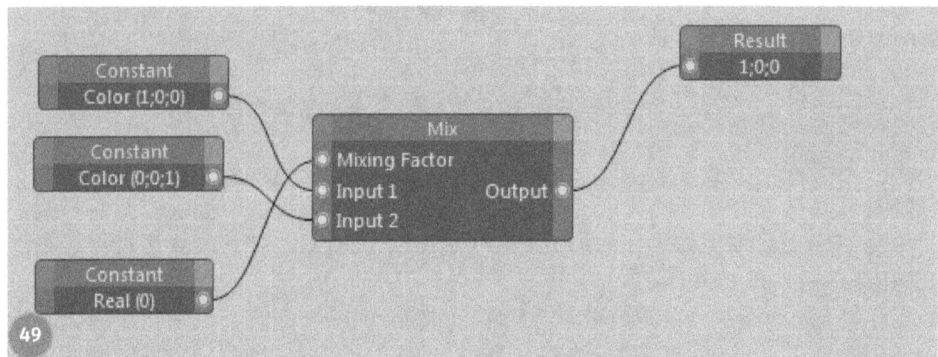

Trigonometric

You can use the **Trigonometric** node to perform the following trigonometric operations: **Sin**, **Cos**, **Tan**, **Sinh**, **Cosh**, **Tanh**, **ASin**, **ACos**, and **ATan**.

 Caution: Radians Vs Degrees
*This node works with radians. If you want to use it with degrees, you must convert it to radians first. In the example shown in Fig. 50, the **Result** node shows the value of SIN[90 degrees]. See the **x2-trigonometric-node.c4d** file.*

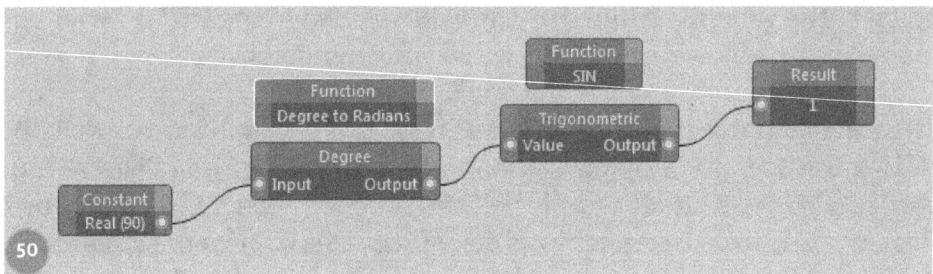

Range Mapper

The **Range Mapper** node is very useful in remapping a value from one range to another. This node has four inputs that control the input and output range. These inputs are: **Input Lower**, **Input Upper**, **Output Lower**, and **Output Upper**.

For example, if you want the luminance brightness of a material change from **0** to **100%**, as you move a **Null** object from **0** to **300** along the **Y** axis, you will set the **Input Lower**, and **Input Upper** attributes to **0** and **300**, respectively. Also, you will set the **Output Lower**, and **Output Upper** attributes to **0** and **100**, respectively. Here's how:

1. Create a **Sphere** object in the scene. Double-click in **Material Manager** to create a new material. Drag **Mat** from **Material Manager** to the **Sphere** in the viewport. Double-click on **Mat** to open **ME** and then enable the **Luminance** channel.

2. Add an **XPresso Expression** tag to the **Sphere** object in **Object Manager**. Create a **Null** object. Drag **Null** from **Object Manager** to **XPresso Editor**. Drag **Mat** from **Material Manager** to **XPresso Editor**. Add the **Coordinates | Global Position | Global Position.Y** output port to the **Null** node. Add the **Luminance | Luminance Brightness** input port to the **Mat** node.

Add a **Range Mapper** node by navigating to **New Node | XPresso | Calculate**. Link **Null | Global Position.Y** to **Range Mapper | Input**. Link **Range Mapper | Output** to **Mat | Luminance Brightness**.

3. In the **Parameter** tab of the **Range Mapper** node, specify a value of **300** and **100** for the **Input Upper** and **Output Upper** attributes, respectively. On the **Attribute Manager | Node** tab of the **Range Mapper** node, select **Percent** from the **Output Range** drop-down because **Luminance Brightness** of a material is measured in percentage. Select the **Clamp Lower** and **Clamp Upper** checkboxes.

On selecting these options, if you move the **Null** object more than **300** units along the positive **Y** axis, the upper value will be clamped to **300**. Similarly, the lower value will be clamped to **0**, if you move the **Null** object in the negative **Y** direction. Now, move the **Null** object along the **Y** axis, the luminance of the material changes accordingly.

You can use the **Spline** curve to non-linearly map the input range to the output range. Create two points of the spline by **CTRL** clicking on the graph. Next, adjust the shape of the spline [Fig. 51]. Fig. 52 shows the node network. See the **x2-range-mapper-node.c4d** file.

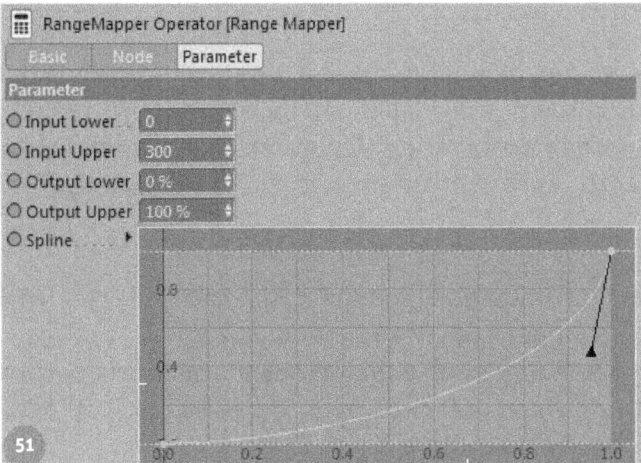

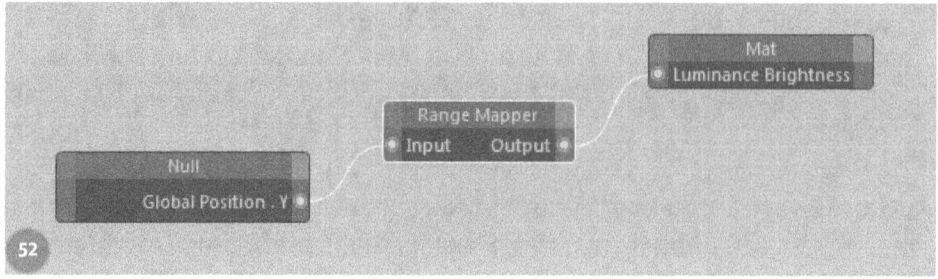

Dot Product

Before we explore this node, let's first understand some mathematical terms [in relation with CINEMA 4D] that will help us when working with XPresso.

Vectors

Vectors are the building blocks for almost everything in 3D. In CINEMA 4D, vectors consist of three floating point numbers that are used to represent any property that requires three numbers such as position, rotation, scale, direction, color, and so forth.

A vector [Fig. 53] has a magnitude (size of length) and direction [Fig. 54]. The length of the line shows its magnitude in the direction of the arrow head. Suppose, a **Null** object is placed at **XYZ (10, 10, 10)** in 3D space, the vector **(10, 10, 10)** represents the position of the **Null** object in 3D space. The position can be reached by travelling a distance **(10, 10, 10)** from the origin of the coordinate system. The **X**, **Y**, and **Z** components produce a direction and length for the movement. If a vector has a length **1**, it is called a normalized vector.

You can add two vectors by joining them from head-to-tail. It does not matter which order you add them, we will get similar results [Fig. 55]. The vectors can be added using the basic arithmetic calculations. For example, if you add vectors **(10, 5, 2)** and **(20, 10, 4)**; the resultant vector will be **(30, 15, 6)**. Let's see it in CINEMA 4D.

Add two **Null** objects to the scene [see the left image in Fig. 56]. Make **Null** parent of **Null.1**. Place place them at **(50, 200, 0)** and **(130, 50, 0)**. It is clear from the right image in Fig. 56 that the **Null.1** object lies at the local coordinate system at position **(-80, 150, 0)** which is carried over to the **Null** object **(50, 200, 0)** which lies in the global coordinate system.

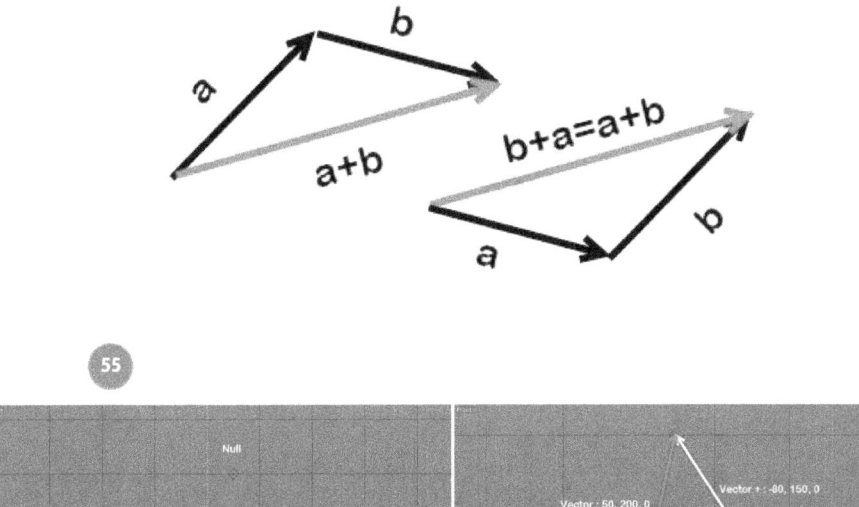

55

56

You can also scale vectors via multiplication [vector by a scaler]. When you scale a vector, its length will be modified but the orientation will remain same [Fig. 57]. To subtract one vector from another, first reverse the direction of the vector you want to subtract and then add them [Fig. 58].

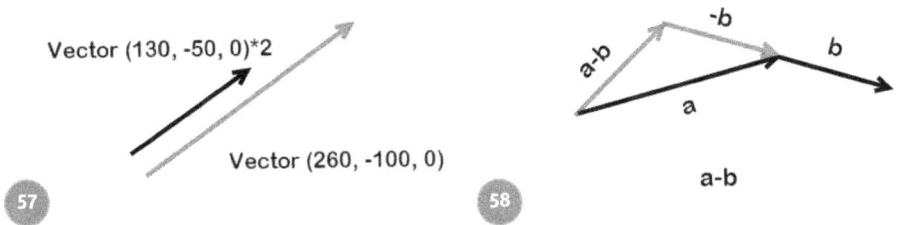

57

58

Normals

Normals in CINEMA 4D serve special purpose such as a polygon normal is used to display the direction in which the polygon faces and direction of tangents of points along a spline. Normals are also vector with a length of **1**. You can think of normals as vector points that point in one direction [length is irrelevant]. If you connect a normal's output port to the input port of a vector, there will be no change in the value. However, if you connect vector's output port to the input port of a normal, CINEMA 4D will automatically normalize the vector.

> *Tip: Normals*
> *Since normals are unit vectors [a vector with magnitude 1], you can use them to accurately measure the movement in a particular direction.*

Matrix

A matrix in CINEMA 4D is made up of four vectors: **Offset**, **v1**, **v2**, and **v3**. Each object in CINEMA 4D has a matrix which stores local position, rotation, and scale values of the object. The global matrix values are never stored, they are the sum of the matrices of all sub-ordinate objects.

If you create a **Null** object and if it is at the origin, the matrix will look like the following [refer to Fig. 59]:

matrix.offset = 0, 0, 0 (Position)
matrix.v1=1, 0, 0 (direction X, length 1)
matrix.v2=0, 1, 0 (direction Y, length 1)
matrix.v3=0, 0, 1 (direction Z, length 1)

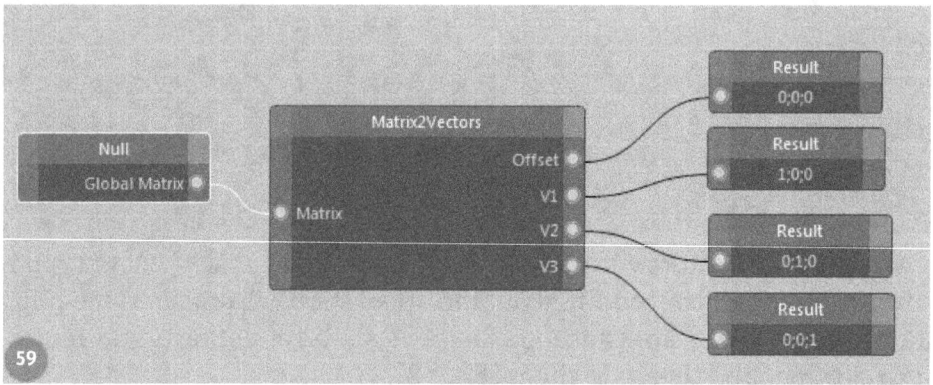

If you set scale to **(2, 2, 2)**, the matrix will look like, as shown in Fig. 60. Now, if you rotate Null by **90** degrees, the matrix will look like, as shown in Fig. 61. Notice that when we scaled the values, only the length of the vector changes. Length does not change when the orientation values are changed. See the **x2-matrix.c4d** file

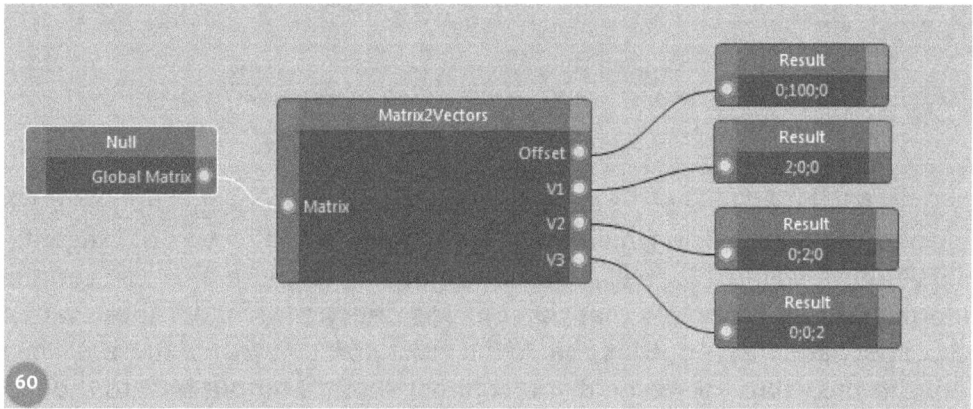

The **Dot Product** node calculates projection of a vector onto another object. You can connect two input vectors to the **Dot Product** node's **Input 1** and **Input 2** ports. Also, make sure that you set correct data type for the **Dot Product** node [available options are: **Color**, **Vector**, or **Normal**].

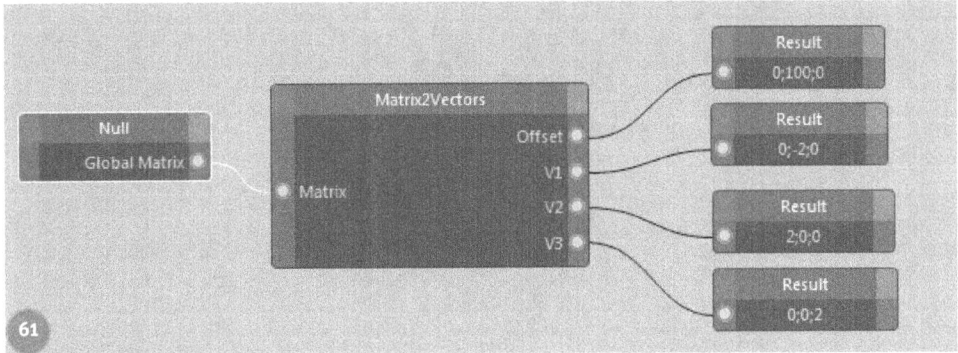

Cross Product
This node creates a vector that is perpendicular to the plane of the two input vectors. You can use this node to calculate surface normals of a polygon. Note that the direction of the output vector depends on the plane between the two input vectors but not on its length. Therefore, you may need to make the output vector a unit vector. To do so, use the **Universal** node and set its data type to **Normal**. Also, note that the order of the input vector affects the direction of the output vector. If you reverse the order, the vector will point in the opposite direction.

Matrix2HPB
This node converts a matrix to three values in angles: heading, pitch, and bank angles. Each angle is specified in radians. Use the **Degree** node to convert values if you want to work in the degrees.

MatrixMulVector
This node converts a local vector to the global vector. The local vector is calculated using the local coordinate system of the object. If you multiply the local vector with the global matrix of the object, the result is a global vector. In other words, you can use this node to convert local position of the object to the world coordinates.

Vector2Matrix
This node allows you to convert vectors to matrices.

Script Group
The nodes in the Script group are used to combine Python or **C.O.F.F.E.E.** script with an **XPresso Expression**. This group includes the following nodes:

C.O.F.F.E.E.
This node allows you to integrate the **C.O.F.F.E.E.** code within **XPresso Expression**. You can add any number of ports [Fig. 62] to the **C.O.F.F.E.E.** node but you can not change the data type of the input. The input node that you add to the **C.O.F.F.E.E.** node are automatically declared as variables. You don't have to declare them in the node. Some restrictions apply to the **C.O.F.F.E.E.** nodes. For example, the objects in the scene can not be directly accessed via this node. The information can be passed to the **C.O.F.F.E.E.** node via other nodes.

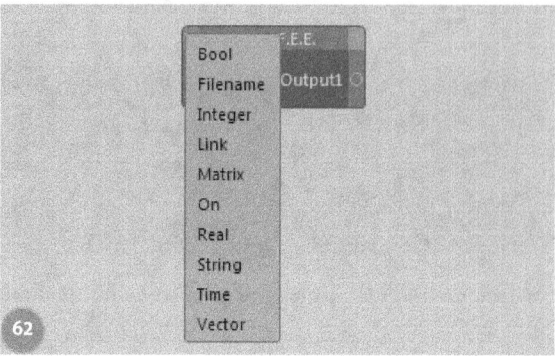

Python

This node gives you ability to integrate the Python code within **XPresso Expression**. You can add any number of ports to the **Python** node but you can not change the data type in the code. If you have accidently selected a wrong data type, first double-click on the port to remove it and then add the port with the correct data type.

Like the **C.O.F.F.E.E.** nodes, the **Python** nodes are also not allowed to directly access the objects in the scene via the **Python** code. The **Python** nodes are suitable for simple program structures. If you want to use complex **Python** code, you should write the **Python** scripts and execute them via **Python Script Manager**.

Logic Group

The nodes in the **Logic** group allow you to compare values. These node outputs boolean data type which has two states: **True** and **False**. The **Logic** group includes the following nodes:

Compare

You can use this node to compare two values using different comparison operators. This node accepts two inputs and outputs the **Boole** data type. You can choose the comparison operator from the **Function** drop-down list available in the **Node** tab of the **Compare** node. In the example, shown in Fig. 63, the **Compare** node outputs **False** because the **Input 1** is not greater than **Input 2**. See the **x2-compare-node.c4d** file.

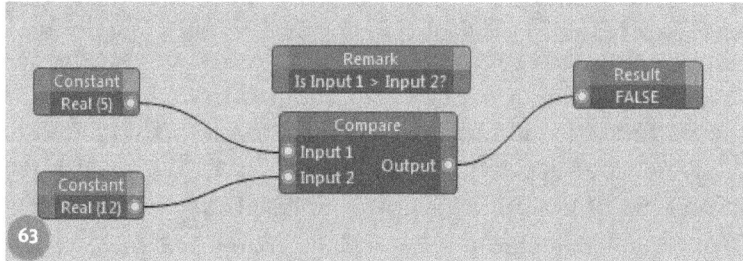

Condition

The **Condition** node provides a switch statement type of selection control mechanism. You can add any number of states to the node. The value that arrives at the **Switch** port determines which state node outputs. For example, if a value of **0** is passed to the **Switch** port, node outputs the topmost state. If a value of **1** is passed to the **Switch** port, node outputs the second state, and so on. When the control reaches to the last state, adding one to the **Switch** value, control loops back and outputs the first state again.

Equal

The **Equal** node enables you to check if values passed to the two inputs are same. The node outputs true, if the same value is passed to the input ports, else it outputs false. In the example, shown in Fig. 64, the **Equal** node outputs **True** because the **Input 1** is equal to the **Input 2**. See the **x2-equals-node.c4d** file.

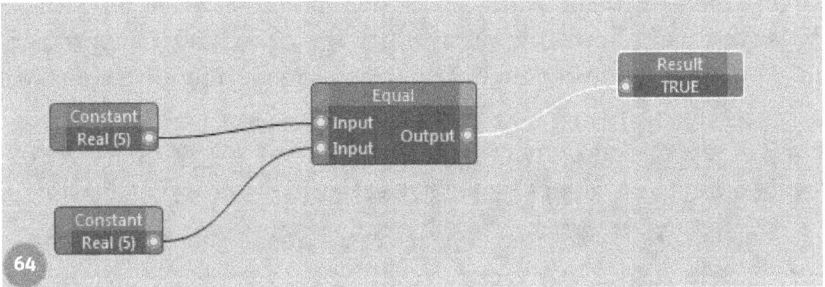

Is Null

This node enables you to check if the input value is equal to zero or not. The **Is Null** node outputs **True** if input value is **0**, else it outputs **False**. In the example, shown in Fig. 65, the **Is Null** node outputs **True** because the input value is **0**. See the **x2-isnull-node.c4d** file.

Order

The **Order** node enables you to determine which value is larger between the two input values. This node outputs **1** if first value is larger, **-1** if the second value is larger, and **0** if inputs are equal. In the example, shown in Fig. 66, the **Order** node outputs **-1** because the value arriving at **Input 2** is larger than the value of **Input 1**. See the **x2-order-node.c4d** file.

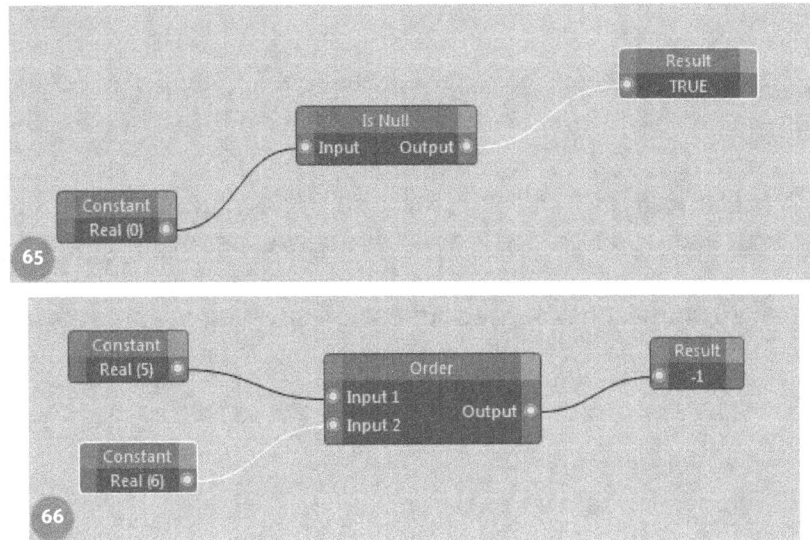

Override

This operator works with **Take Manager**. It can work with any file type and outputs a predefined value for the respective take.

Iterate Group

The nodes in the **Iterate** group allows you to loop through a list. A complete loop is performed per animation frame. The **On** input port takes a boolean value that enables or disables the nodes. This group includes the following nodes:

Hierarchy

This node first locates the start object in the hierarchy, defined by the reference path and the start path. The node then moves along the iteration path and outputs the number of objects it meets in that path. Let's see how this node works:

Create a **Null** object and assign **XPresso Expression** tag to it. Add a **Cube** object and three **Capsule** objects. In **Object Manager**, set the hierarchy [Fig. 67].

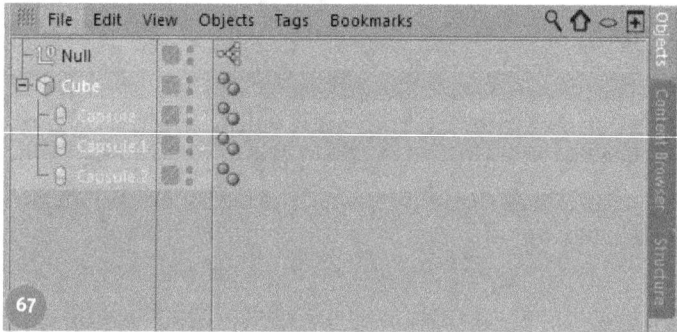

1. Drag **Cube** from **Object Manager** to **XPresso Editor**. Add the **Object** output port to the **Cube** node. Add an **Hierarchy** node. Add the **Object** input port to the **Hierarchy** node. Link **Cube | Object** to **Hierarchy | Object**. On the **Attribute Manager | Node** tab of the **Hierarchy** node, select **Absolute Reference** from the **Reference** drop-down.

The **Absolute Reference** port references the object link to the **Reference** object, **Null** in this case.

2. In the **Attribute Manager | Node** tab, make sure the values **D** and **N** are specified for the **Start Path** and **Iteration Path** attributes, respectively.

The **Start Path** attribute controls the start path. The hierarchy iterator continually repeats the path specified for the **Iteration Path** attribute. You can use the following shortcuts:

    U up one hierarchical level
    D down one hierarchical level

P previous object on current hierarchical level
N next object on current hierarchical level
F first object on hierarchical level
L last object on hierarchical level

In this case, the value **D** is specified for the **Start Path** therefore the iterator will move down one hierarchical level [from **Null** to **Cube**]. The value **N** is specified for the **Iterator Path**; the iterator will meet all the objects that are in the same hierarchical level [**Capsule** to **Capsule.2**].

3. Add the **Count** output port to the **Hierarchy** node. Add the **Result** node. Link **Hierarchy | Count** to **Result**.

The **Count** port outputs the maximum number of objects found in the reference path, three in this case [**Capsule**, **Capsule.1**, and **Capsule.2**]. Fig. 68 shows the node network. If you want to ignore some of the objects in the hierarchy, drag those objects from **Object Manager** to the **Exclude** field in the **Node** tab of the **Hierarchy** node. You can also control how many objects the **Hierarchy** node should output. Add the **Maximum Iterations** input port and then set a value that represents maximum number of objects to this port. See the **x2-hierarchy-node.c4d** file.

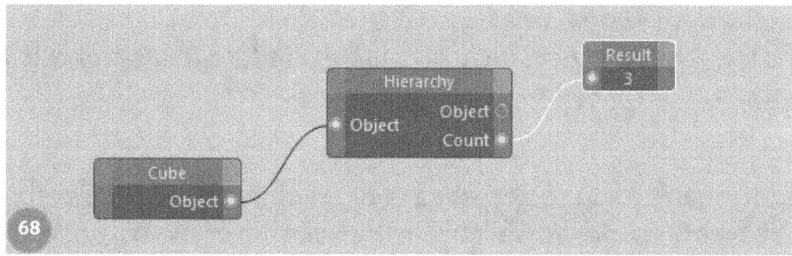

Iterate

This node represents the **For Next** loop found in many programming languages. The **Iteration Start** and **Iteration End** input ports control the start value and maximum value for the loop, respectively. The **Iterations** output port outputs the numbers in the loop. The **Count** output port outputs the total numbers of iteration in a loop. If you want to create a nested loop, use the **Previous Iterator** port to create the network. The sub-loops will be looped each time before the main iterator value is increased by one.

 Caution: XGroups and Iteration Nodes
*You can not use the **Iteration** node to repeat **XGroups**. If you want to use nested loops, create a network of **Iteration** nodes using their **Previous Iterator** ports.*

Material

You can use the **Material** node to access materials from **Material Manager**. The search begins from the top-left material in **Material Manager**. The **First Material** input port controls where the search should begin. A value of **0** starts the search from the first material. A value of **1** skips the first material and starts search from the second material and so forth. The **Maximum Materials** port defines the number of maximum materials the **Material** node outputs. The **Material** output node outputs the materials found in the search. The **Count** output port outputs the total number of materials found.

ObjectList

The functioning of the **ObjectList** node is similar to that of the **Hierarchy** node but if you are iterating through the known number of objects, the **ObjectList** node is more effective. The **Iteration List** input port allows you to connect a list of objects. Alternatively, you can drag objects from **Object Manager** to the **Iteration List** field available in the **Parameter** tab of the **ObjectList** node. The **Instance** output port continuously outputs the objects from the list. The **Count** output port outputs the total number of objects.

Selection

This node allows you to access selection tags: **point**, **polygon**, or **edge**. Connect the desired tag to the **Tag** input port. The **Iteration** output port outputs the index numbers of points, polygons, or edges. The **Count** output port outputs the total number of elements in the **Selection** tag.

Caution: XGroups and Iteration Nodes
*For edges, the **Selection** node outputs the index numbers of the associated points.*

Tag

The **Tag** node enables you to access tags of an object. You can set the tag type from the **Tag Type** drop-down available in the **Node** tab of the **Tag** node. If you want to skip some tags, drag them from **Object Manager** to the **Exclude** field in **Attribute Manager**. The **First Tag** input port allows you to decide where the search should begin. This port works similar to the **First Material** port of the **Material** node. The **Maximum Tags** input port controls the maximum number of ports the node will output. The **Tag** output port outputs the tags found in the search. The **Count** output port outputs the total number of tags found in the search.

MoGraph Class

The nodes in this class allow you to access the MoGraph clones and effector properties. These nodes are discussed next.

Falloff

This node allows you to access the MoGraph falloff functionality. Let's dig in:

1. Create a **Sphere** object and a **Null** object. We will add **Falloff** to the **Null** node and then use the output value to rotate **Sphere**. On **Object Manager**, select

Null and then navigate to **Tags | CINEMA 4D Tags | XPresso** to add an **XPresso Expression** tag and open **XPresso Editor**.

2. Drag **Null** and **Sphere** from **Object Manager** to **XPresso Editor**. Add a **Falloff** node by navigating to **New Node | Motion Graphics**. Add the **Global Matrix** output port to **Null**. Add the **Coordinates | Global Position | Global Position** output port to **Sphere**. Now, connect the **Null**, **Sphere**, and **Falloff** nodes, refer to Figure 70.

3. Connect **Null | Global Matrix** to **Falloff | Falloff Matrix** and connect **Sphere | Global Position** to **Falloff | Sample Position**.

4. Add a **Result** node by navigating to **New Node | XPresso | General** and then connect **Falloff | Value** to the **Result** node. On the **Attribute Manager | Falloff** tab of **Falloff** node, change **Shape** to **Box** and **Size X** to **191**; the falloff field shape is displayed in the 3D view [Fig. 69]. Now, if you move the field in the 3D view, the **Result** node shows the falloff value.

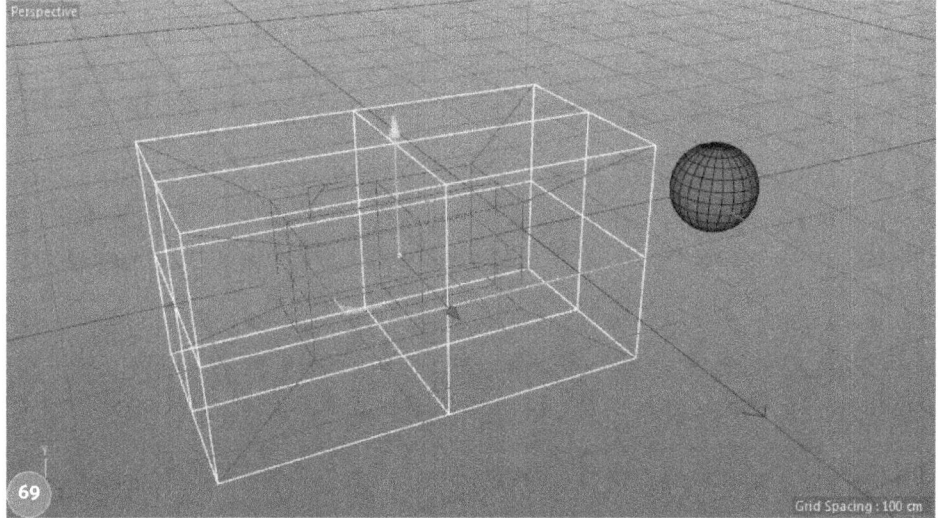

This values ranges from **0** [yellow area of the field] and **1** [red area of the field]. Once you get the value, you can use a **Range Mapper** node to remap the value to some other attributes. See the **x2-falloff-node.c4d** in which I've remapped the falloff value to drive the rotation of the **Sphere**. Fig. 70 shows the node network.

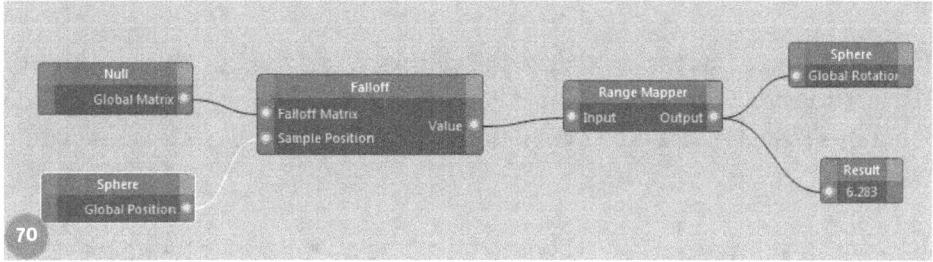

You can connect any object to the **Falloff Matrix** port [preferably a **Null** object]. The object will define the position and rotation of the falloff field. In most of the cases, you will use the **Global Matrix** port of the object. The falloff is calculated exactly at the position vector that is specified using the **Sample Position** port.

Motion Graphics Data

The **Data** node lets you read all relevant data of clone generating objects as well as the corresponding effectors. It works with the following objects: **Clone** object, **Matrix** object, **Fracture** object, **MoInstance** object, and **MoText** object. Let's explore this node with a **Cloner** object.

1. Open the **x2-data-node-start.c4d** file. It has a **Cloner** object which creates clones of the sphere. It also has a **Cube** object. In **Object Manager**, select **Null** and then navigate to **Tags | CINEMA 4D Tags | XPresso** to add an **XPresso Expression** tag and open **XPresso Editor**.

2. Drag **Cloner** and **Cube** from **Object Manager** to **XPresso Editor**. Add the **Object** and **Object Properties | Count** output ports to **Cloner**. Add a **Data** node by navigating to **New Node | Motion Graphics**. Connect **Cloner | Object** to **Data | Object**. Add a **Time** node by navigating to **New Node | XPresso | General**. Add the **End** output port to **Time**.

Now, we will use a **Range Mapper** node to remap time with the number of clones to iterate through the clones. The **Cube** object will occupy the position of the clones as animation being played.

3. Add a **Range Mapper** node by navigating to **New Node | XPresso | Calculate**. Add the **Input Upper** and **Output Upper** input ports to **Range Mapper**. Connect **Time | Time** to **Range Mapper | Input**, **Cloner | Count** to **Range Mapper | Output Upper**, and **Time | End** to **Range Mapper | Input Upper**.

What just happened?
Here, I have remapped current frame range 0 to 90 to the number of clones. The **Count** port outputs number of clones present. The **Time** port outputs the current time in seconds since the start of the animation and the End port outputs the end frame of the animation.

4. Connect **Range Mapper | Output** to **Data | Index**. Add the **Position** output port to **Data**. Add the **Coordinates | Global Position | Global Position** input port to **Cube**. Connect **Data | Position** to **Cube | Global Position**. See the **x2-data-node-finish.c4d** file.

Now, play the animation; you will notice that as animation is being played cube jumps to each cloned sphere [Fig. 71]. Fig. 72 shows the node network.

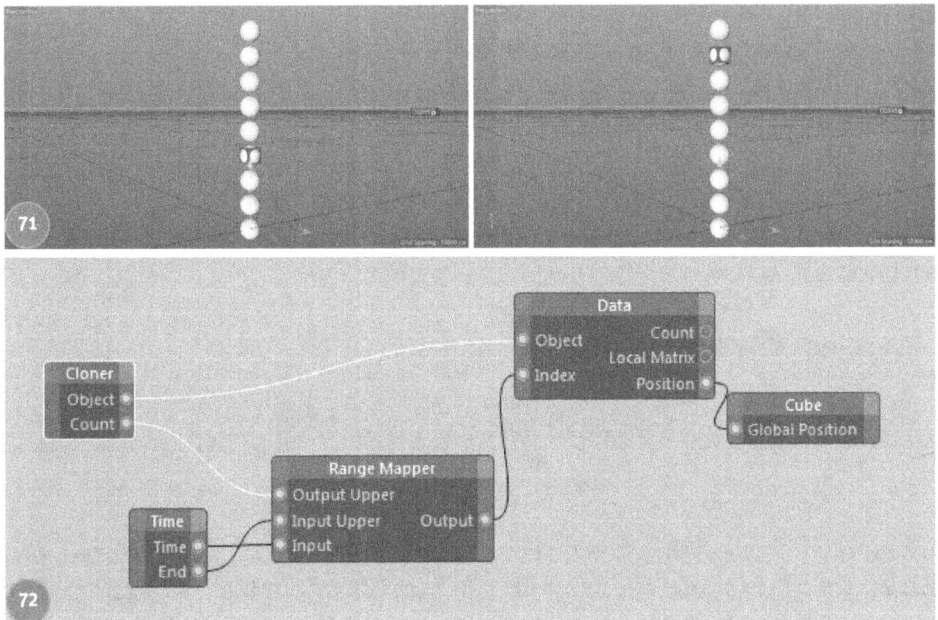

Effector Node [Sample Node]
This node allows you to use output values of an effector. Generally, you will feed data from a **Data** node to the inputs of the **Sample** node. The output ports of this node will output the value that is effected by the effector. The **Global Matrix**, **Weight**, and **Strength** ports are generally used.

MoGraph Selection
You can use this node to read or edit the clone selections that is being saved using the **MoGraph Selection** tag. You can use this node to dynamically select clones.

MoGraph Weight
You can use this node to read or edit the weighting [0 to 1] that is being saved using the **MoGraph Weightmap** tag.

Tutorials

Before you start the tutorials, create a folder with the name **chapter-x2**. We'll use this folder to host all the tutorial files and other resources.

Tutorial 1: Calculating Angle Between Two Input Vectors

In this tutorial, we will calculate angle between two **Null** objects using the **Dot Product** node.

The following table summarizes the tutorial:

Table T1: Calculating Angle Between Two Input Vectors	
Flow:	
The formula for calculating the dot product for two vectors [for example, vector a and vector b] is as follows: **a . b = |a| * |b| * cos(Ø)** where **Ø** is the angle between two vectors. Therefore, the equation we will use is **Ø= a.b/(|a| * |b|)** where |a| and |b| are the length of the vector **a** and **b**, respectively. We will first calculate the length of the vectors and then use the **Dot Product** node to calculate the angle.	
Keywords: Null, Dot Product, Universal, Result, and Formula	
Difficulty level	Intermediate
Estimated time to complete	20 Minutes
Topics	• Getting Started • Calculating the Angle
Resources folder	chapter-x2
Tutorial units	**Centimeters**
Final tutorial file	**x2-tut1-finish.c4d**

Getting Started

Start a new scene and then create two **Null** objects in the scene. Select **Null** in **Object Manager** and then **Attribute Manager | Coord** tab, set **P.X**, **P.Y**, and **P.Z** to **0, 200**, and **0**, respectively. Similarly, set **Null.1** coordinates to **100, 0**, and **0** [Fig. T1].

What just happened?
*Here, I have created two **Null** objects and specified their position vector. We haven't specified any value for the **Z** axis. It is evident from Fig. T1 that the angle between the two vectors is **90** degrees. Let's first achieve this result.*

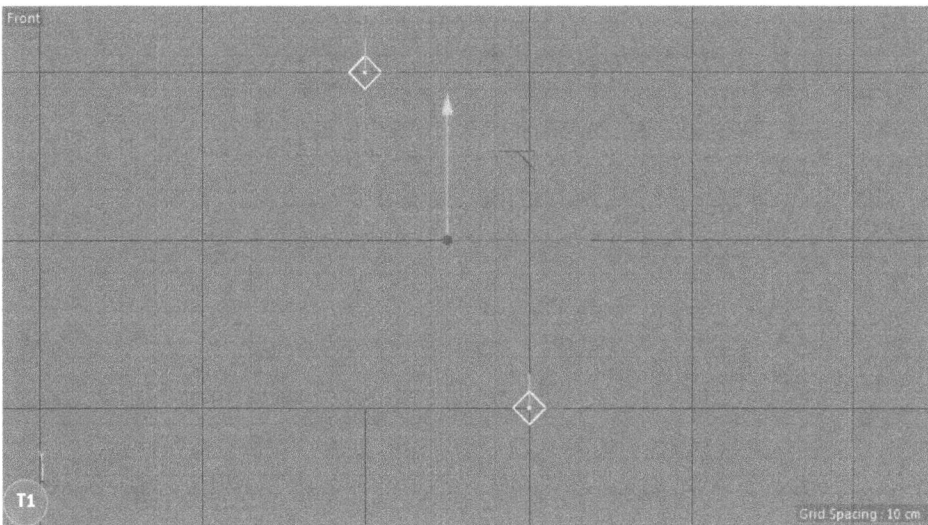

Calculating the Angle
Follow the steps given next:

1. In **Object Manager**, select **Null** and then navigate to **Tags | CINEMA 4D Tags | XPresso** to add an **XPresso Expression** tag and open **XPresso Editor**. Drag **Null** and **Null.1** from **Object Manager** to **XPresso Editor**. Add the **Coordinates | Global Position | Global Position** output port to both the null objects. Add a **Dot Product** node by navigating to **New Node | XPresso | Calculate | Dot Product**.

2. Connect **Null | Global Position** to **Dot Product | Input 1** and then connect **Null.1 | Global Position** to **Dot Product | Input 2**. Add a **Universal** node by navigating to **New Node | XPresso | Adapter | Universal**. Connect **Null | Global Position** to **Universal | Real**. Create a copy of the **Universal** node and then connect **Null.1 | Global Position** to **Universal | Real**.

What just happened?
*Here, I've connected the global position vectors to the **Universal** node. The **Universal** node outputs the length of the vector. Now, you can ask a question that why the length of the vector is required? Well, there is some math going on here. Let's first see how the angle between two vectors is calculated in real-world math. The formula for calculating the dot product for two vectors is as follows: $a \cdot b = |a| * |b| * \cos(\emptyset)$.*

Here, $|a|$ and $|b|$ denote the magnitude [length] of the vectors [a and b], a.b is the dot product vector whereas $\emptyset$ is the angle between a and b. It is clear from the formula that to get the dot product vector, we need to multiply the length of a with the length of b, and then multiply by the cosine angle between a and b.

In this tutorial, we are calculating the angle between the vectors therefore the formula we will use will be as follows: ø= a.b/(|a| * |b|). Fig. T2 shows a graphical representation of the formula. We have already used the **Universal** nodes to calculate the length of the position vector. Now, to get the angle we need the dot product of these vectors and to get that we will now use the **Formula** node.

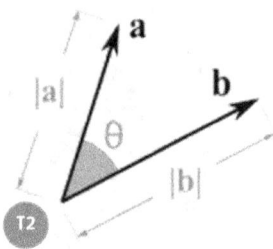

3. Add a **Formula** node by navigating to **New Node | XPresso | Calculate**. Add three input **Value** ports to the **Formula** node by first clicking on the blue port and then choosing **Value**.

4. Connect the first **Universal** node to **Formula | Value1**, second **Universal** node to **Formula | Value3**, and **Dot Product | Output** to **Formula | Value2**. On the **Attribute Manager | Node** tab of the **Formula** tab, select the **Use Port Names** check box and then enter the following formula in the **Formula** field: **acos(Value2/(Value1*Value3))**.

> *What just happened?*
> By selecting the **Use Port Names** check box, we can now use port names (**Value1**, **Value2**, and **Value3**) in the formula. **Value1** represents length of the first vector, **Value3** represents length of the second vector, and **Value2** represents the dot product vector. This is why we used the formula ø= Value2/(Value1 * Value3).

5. Add a **Result** node by navigating to **New Node | XPresso | General**. Connect **Formula | Output** to **Result**. Notice the **Result** node displays **90** which is the expected result. Now, move the **Null** objects in the 3D view to see the angle between them. Fig. T3 shows the node network.

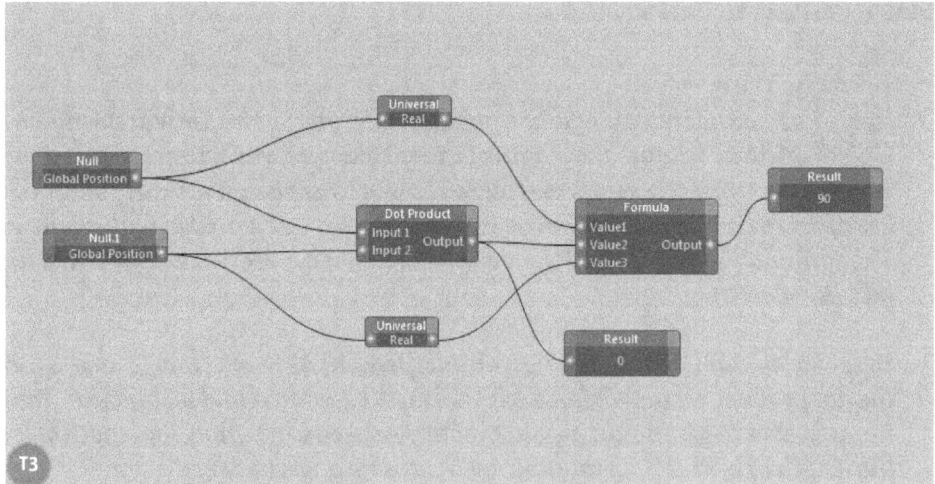

Tutorial 2: Calculating the Normal Vector

In this tutorial, we will calculate the normal vector between three **Null** objects using the **Cross Product** node and then we will place an object at the normal vector which will be at the center of these **Null** objects.

The following table summarizes the tutorial:

Table T2: Calculating the Normal Vector	
Flow: If there are two vectors **A** and **B**, the cross product **A * B** will always orthogonal to both **A** and **B**. Here, we are calculating normal vector between three vectors. If these three vectors are **P**, **Q**, and **R**; the equation will be as follows: **Normal vector = (Q - P) * (R - P)**. We will first add **Global Position** output port to the **Null** objects and then use the **Math** node to subtract the vectors. Then, we will calculate the normal vector using the **Cross Product** node. To place the **Cone** at the normal vector, we will use the **Global Position** and **Global Matrix** input ports of **Cone**.	
Keywords: Null, Math, Cross Product, Mix, and Vector2Matrix	
Difficulty level	Intermediate
Estimated time to complete	30 Minutes
Topics	• Getting Started • Calculating the Normal Vector
Resources folder	chapter-x2
Tutorial units	**Centimeters**
Final tutorial file	x2-tut2-finish.c4d

Getting Started

Start a new scene and then set units to **Centimeters**.

Calculating the Normal Vector

Follow the steps given next:

1. Create three **Null** objects and then rename them as **P**, **Q**, and **R**, respectively. Create a **Cone** and set its **Orientation** to **+Z** in **Attribute Manager**. Create another **Null** and then navigate to **Tags | CINEMA 4D Tags | XPresso** to add an **XPresso Expression** tag and open **XPresso Editor**.

2. Drag **P**, **Q**, **R**, and **Cone** from **Attribute Manager** to **XPresso Editor**. Add the **Coordinates | Global Position | Global Position** output port to the **P**, **Q**, and **R** nodes. Add a **Math** node by navigating to **New Node | XPresso | Calculate**. On the **Attribute Manager | Node** tab of **Math** node, change **Function** to **Subtract** and **Data Type** to **Vector**. Connect **Q** to the first **Input** port of the **Math** node and **P** to the second **Input** port of the **Math** node. Create a copy of the **Math** node.

Next, connect **R** to the first **Input** port of the **Math** node and **P** to the second **Input** port of the **Math** node.

3. Add a **Cross Product** node by navigating to **New Node | XPresso | Calculate**. Connect **Math** nodes outputs to the **Input 1** and **Input 2** nodes of the **Cross Product** node [Fig. T1]. Add the **Coordinates | Global Position | Global Position** and **Global Matrix** input ports to the **Cone** object.

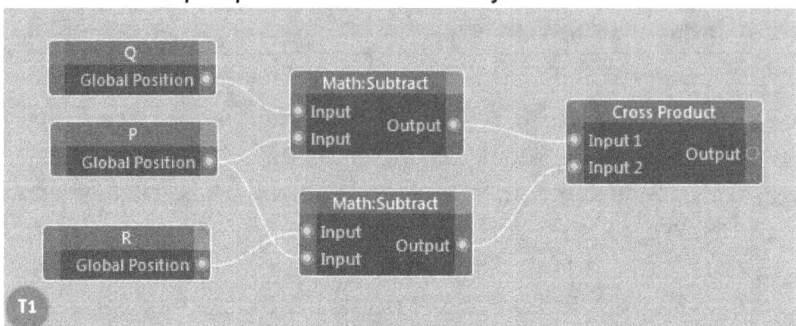

4. Add a **Vector2Matrix** node by navigating to **New Node | XPresso | Calculate**. Now, connect **Cross Product | Output** to **Vector2Matrix | Input** and then connect **Vector2Matrix | Output** to **Cone | Global Matrix** to convert vectors to matrices.

> *What next?*
> Now, to calculate the **Global Position** vector of the **Cone**, we will use the **Mix** node to mix the position vectors of Nulls.

5. Add a **Mix** node by navigating to **New Node | XPresso | Calculate**. Connect **P** and **Q** to **Mix | Input 1** and **Mix | Input 2**, respectively. On the **Attribute Manager | Node** tab of **Mix** node, change **Data Type** to **Vector**. On the **Parameter** tab, change **Mixing Factor** to **50**.

6. Create a copy of the **Mix** node and then connect first **Mix | Output** to second **Mix | Input 1**. Connect **R** to **Mix | Input 2** and then connect **Mix | Output** to **Cone | Global Position**.

Now, move the **Null** objects in 3D view, you will notice that **Cone** always stays at the center of **Nulls** [Fig. T2]. Fig. T3 shows the node network.

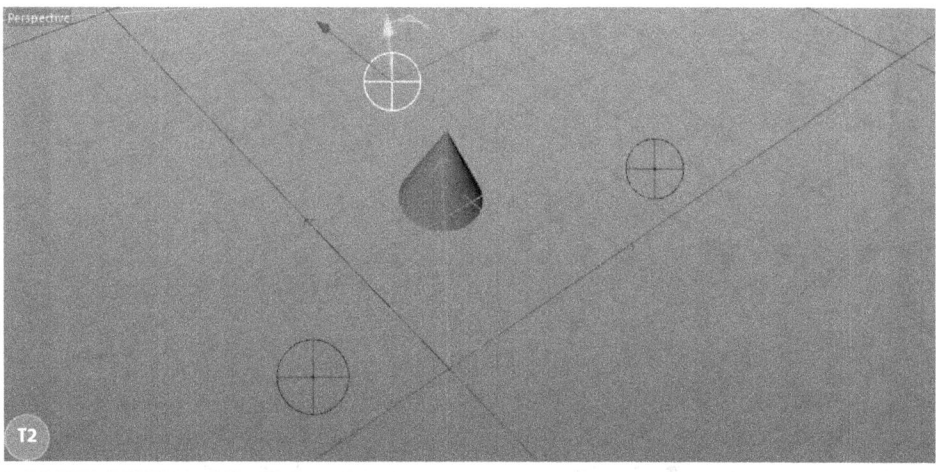

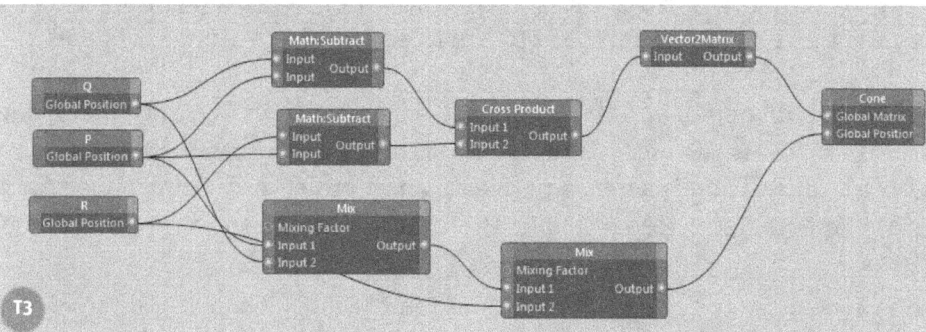

Tutorial 3: Creating Bouncing Ball Animation

In this tutorial, we will create a bouncing ball animation using XPresso.

The following table summarizes the tutorial:

Table T3: Creating Bouncing Ball Animation	
Flow: The objective of this tutorial is to create a bouncing ball animation. We will fist create horizontal motion using two keyframes and then using the animation data, we will create the vertical motion using the XPresso nodes.	
Keywords: Absolute, and Range Mapper	
Difficulty level	Intermediate
Estimated time to complete	45 Minutes
Topics	• Getting Started • Creating the Animation
Resources folder	**chapter-x2**
Tutorial units	**Centimeters**

Table T3: Creating Bouncing Ball Animation	
Final tutorial file	x2-tut3-finish.c4d

Getting Started
Start a new scene and then set units to **Centimeters**.

Creating the Animation
Follow the steps given next:

1. Create a **Sphere** object and set its **Radius** to **100**. Make sure you are at frame **0** and then on the **Attribute Manager | Sphere | Coord** tab, set **P.X** to **-1000**. Create a keyframe. Now, move to frame **90** and set **P.X** to **1000**. Create a keyframe. Play the animation to see the movement of the sphere along the **X** axis. Now, we will use this animation data to bounce the sphere along the **Y** axis.

2. Create a Null object and then in **Object Manager**, select **Null** and then navigate to **Tags | CINEMA 4D Tags | XPresso** to add an **XPresso Expression** tag and open **XPresso Editor**. Drag **Sphere** from **Object Manager** to **XPresso Editor**. Create a copy of the **Sphere** node. Rename it as **Driven** and rename the first **Sphere** node is **Driver**.

3. Add the **Coordinates | Global Position | Global Position.X** output port to **Driver** and the **Coordinates | Global Position | Global Position.Y** input port to **Driven**.

Now, we will use the **Range Mapper** node to drive the bounce using the X axis animation data.

4. Add a **Range Mapper** node by navigating to **New Node | XPresso | Calculate**. Connect **Driver | Global Position.X** to **Range Mapper | Input** and **Range Mapper | Output** to **Driven | Global Position.Y**.

If you play the animation now, you will notice that the sphere is animating from the negative Y direction. We only need positive values. Since we have animated sphere from **X=-1000** to **X=1000**, we will now use the **Absolute** node to calculate the absolute values for X axis.

5. Add a **Absolute** node by navigating to **New Node | XPresso | Calculate** and then make the connection, as shown in Fig. T1.

6. On the **Attribute Manager | Parameter** tab of **Range Mapper** node, change **Input Upper** to **250** and **Output Upper** to **500**.

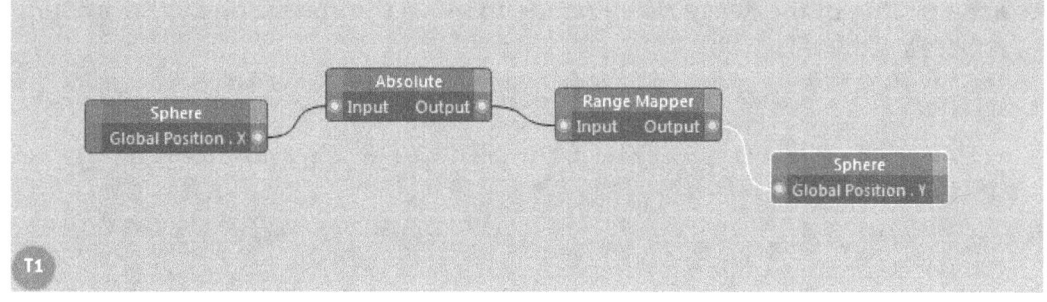

 What just happened?
*The total distance the sphere will travel along **X** axis is **2000**. By setting **Input Upper** to **250**, I have ensured that the sphere bounces 8 [2000/250=8] times during movement of 2000 units along the X axis. Also, sphere will bounce 500 units along the Y axis. This value is specified using the **Output Upper** attribute. If you play the animation, you will notice that there is only one bounce. Next, we will fix it.*

7. On the **Attribute Manager | Node** tab of **Range Mapper** node, select the **Modulo** check box.

What just happened?
*When the **Modulo** check box is selected, the input range is adjusted dynamically to fit the input range. For example, if you have a input range from 0 to 100, the input 101 will be adjusted to 1 [101 modulo 100=1]. No matter how high value you specify for the input value, the modulo value always cycles through the input range. If you play the animation now, you will see that now we have 8 bounces.*

8. On the **Parameter** tab of **Range Mapper** node, create a spline as shown in Fig. T2 [Use **Ctrl+click** to create points] to smooth out the fall of the sphere as if gravity is affecting the sphere. This curve will also ensure that sphere bounces quickly when it touches the floor. Also, select the **Position.X** curve points in the **Timeline** window and press **Alt+L** to make them linear [Fig. T3].

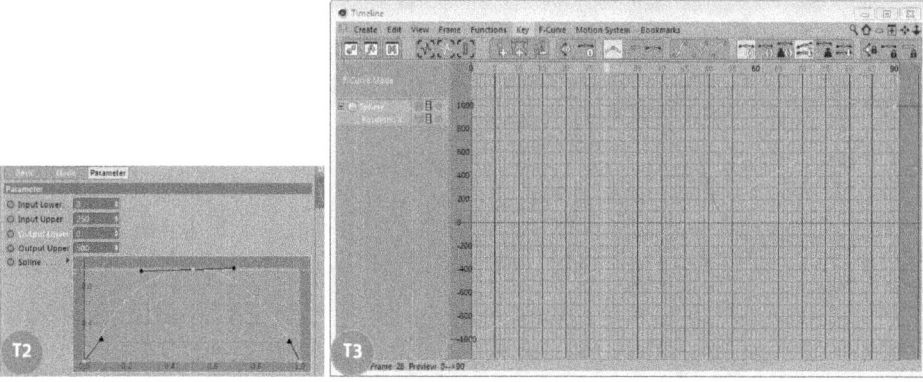

Play the animation; notice that now we have smooth motion. Also, notice that due to the pivot point of the sphere, it is penetrating the imaginary floor when sphere bounces off the floor [Fig. T4]. To fix this, we will change the **Output**

Lower attribute of the **Range Mapper** node to move the sphere up by the amount of sphere's radius [Fig. T5].

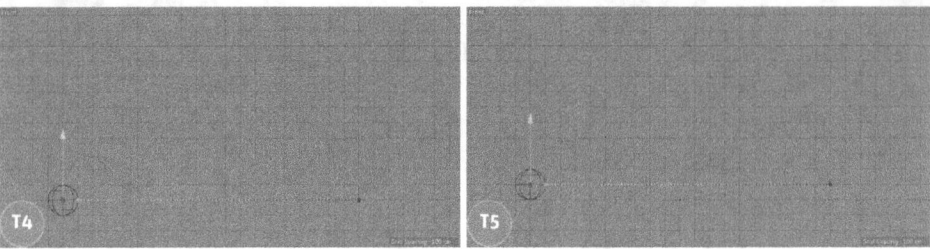

9. Add the **Object Properties | Radius** output port to **Driver** and then add the **Output Lower** input port to **Range Mapper**. Connect **Driver | Radius** to **Range Mapper | Output Lower**. Play the animation. Now, let's add some squash and stretch effect to the sphere.

10. Add a **Squash & Stretch** modifier and then connect it with **Sphere** on **Object Manager**. On the **Attribute Manager | Coord** tab, set **P.X**, **P.Y**, and **P.Z** to 0 each. On the **Attribute Manager | Squash & Stretch | Object** tab, you need to play with the **Factor** attribute to find the minimum and maximum values for the squash and stretch effect. We will map these values using a **Range Mapper** node.

11. On **XPresso Editor**, create a copy of the **Range Mapper** node and then connect **Absolute | Output** to its **Input** node. Drag **Squash & Stretch** from **Object Manager** to **XPresso Editor** and then add the **Object Properties | Factor** input port to it.

12. Connect **Range Mapper | Output** to **Squash & Stretch | Factor**. On **Attribute Manager | Range Mapper | Node** tab, set **Output Range** to **Percent** because **Factor** takes a percent value. On the **Parameter** tab, set **Output Lower** and **Output Upper** to **95** and **105**, respectively. Play the animation to see the squash and stretch effect.

Tutorial 4: Generating a Random Integer Number Within a Specific Range

In this tutorial, we will generate random numbers in a specific range and then use these numbers to affect attributes of the objects in the scene. The following table summarizes the tutorial:

Table T4: Generating a Random Integer Number Within a Specific Range	
Flow: The objective of this tutorial is to generate a random integer number between **0** to **88** and then change size of the cubes with even number index. The following sequence will be used to generate the random number: 1. Generate a random integer number using the **Time**, **Random** and **Range Mapper** nodes. 2. Use that number to affect the size of the cubes using the **Link List** node.	
Keywords: Time, Random, Range Mapper, and Link List	
Difficulty level	Intermediate
Estimated time to complete	30 Minutes
Topics	• Getting Started • Building the Node Network
Resources folder	**chapter-x2**
Tutorial units	**Centimeters**
Start tutorial file	**x2-tut4-start.c4d**
Final tutorial file	**x2-tut4-finish.c4d**

Getting Started

Open the **x2-tut4-start.c4d** file. This file contains 88 **Cube** objects.

Building the Node Network

Follow the steps given next:

1. Create a **Null** object and then in **Object Manager**, select **Null** and then navigate to **Tags | CINEMA 4D Tags | XPresso** to add an **XPresso Expression** tag and open **XPresso Editor**. Add a **Link List** node by navigating to **New Node | XPresso | General**. Make sure the **Link List** node is selected in **XPresso Editor** and then lock its **Attribute Manager**.

2. Drag all cube objects from **Object Manager** to the **Link List** box in **Attribute Manager** and then unlock **Attribute Manager**. Add the **Count** output port to the **Link List** node. Add a **Time** node by navigating to **New Node | XPresso | General**. Add a **Random** node by navigating to **New Node | XPresso | General**. Add the **Real** output port to the **Random** node. On the **Attribute Manager | Node** tab of **Random** node, select the **Positive Only** check box. Connect **Time | Time** to **Random | Random Seed**.

> **What just happened?**
> The **Random** node generates a random value between -1 and 1. We only need the range 0 to 1, therefore we have selected the **Positive Only** check box to generate only positive results from the **Random** node. Now, in the next step, we will remap the 0 to 1 range to 1 to 88.

3. Add a **Range Mapper** node by navigating to **New Node | XPresso | Calculate**. Add the **Output Upper** input port to the **Range Mapper** node. Connect **Random | Real** to **Range Mapper | Input**. Connect **Link List | Count** to **Range Mapper | Output Upper**.

> **What next?**
> If you connect a **Result** node to the **Range Mapper | Output** port, you will notice that we are getting a real value. Let's now convert this value to integer using the **Universal** node.

4. Add a **Universal** node by navigating to **New Node | XPresso | Adapter**. On the **Attribute Manager | Node** tab of **Universal** node, change **Data Type** to **Integer**. Connect **Range Mapper | Output** to **Universal**.

Now, if you play the animation, you will notice that the **Universal** node is outputting a positive integer number.

> **What next?**
> Now, we need to find the even numbers in the range. To do this, we will use the **Modulo** function of the **Math** node. The equation will be **Output of the Universal node MOD 2**. If output comes as 0, we will know that we have got an even number.

5. Add a **Math** node by navigating to **New Node | XPresso | Calculate**. Connect **Universal | Output** to the first **Input** node of the **Math** node. On the **Attribute Manager | Node** tab of **Math** node, change **Function** to **Modulo**. On the **Parameter** tab, change **Input [2]** to **2**. Add a **Condition** node by navigating to **New Node | XPresso | Logic**. Connect **Math | Output** to **Condition | Switch**. On the **Parameter** tab, change **Input [2]** to **5**.

> **What just happened?**
> The **Math** node will output 0 and also other values as we play the animation. However, we are only looking for the 0 output. By feeding it to the **Switch** port and setting **Input [2]** to 5, we are making sure that we get 5 as output from the **Condition** node.

> **What next?**
> Now, we will add the output of the **Condition** node to the **Size.Y** attribute of the cubes. The equation will be **Size.Y = Size.Y + 5**. As the animation will loop, the size of the cubes with even index number will continuously increase.

6. Drag any **Cube** from **Object Manager** to **XPresso Editor** and then add the **Object** input port to it. Also, add the **Object Properties | Size | Size.Y** output port. Create a copy of the **Link List** node and then connect **Universal** to **Link List | Index**. Connect **Link List | Link** to **Cube | Object**.

7. Add a **FloatMath** node by navigating to **New Node | XPresso | Calculate**. Connect **Cube | Size.Y** to **FloatMath | Input** and **Condition | Output** to **FloatMath | FloatValue**.

   > *What just happened?*
   > Here, we have added 5 to the value of **Size.Y**. If you connect a **Result** node to the **Output** port of the **FloatMath** node, you will notice that the result is 55 [Size of the cube + 5]. Now, lets work on the equation **Size.Y = Size.Y + 5**.

8. Create a copy of the **Cube** node and then delete its **Size.Y** output port. Add the **Size.Y** input port. Connect **FloatMath | Output** to **Size.Y** and then connect **Link List | Link** to newly copied **Cube** node **| Object**. Continuously play the animation; you will notice that size of the cubes with even number index is changing continuously by 5 units [Fig. T1]. Fig. T2 shows the node network.

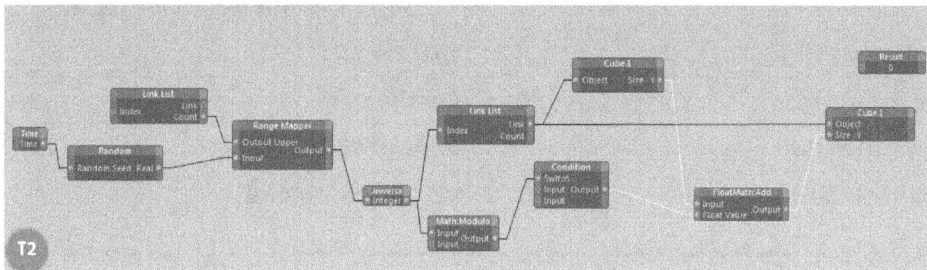

Tutorial 5: Creating a Digital Counter

In this tutorial, we will create a digital counter.

The following table summarizes the tutorial:

Table T5: Creating a Digital Counter	
Flow: The objective of this tutorial is to create a digital counter like in petrol pumps or digital clocks. We will use the **Frame** port of the **Time** node to drive the counter. The first table shows the number of frames required to display the digits: **D4D3:D2D1**. Ten frames are required for **D1** to reach **9** from **0** and so on. Second table in Fig. T1 shows the calculations required to generate an arbitrary number **1256**. Equation **(1256 Mod 10)** will result in 6 [D1]. Equation **(1256 Mod 100)/100** will result in 5.6, converting it to integer will gives us digit 5 [D2]. Equation **(1256 Mod 1000)/1000** will result in **2.56**, converting it to integer will gives us digit 2 [D3]. Dividing **1256/1000** will result in **1.256** and then converting it to integer will give us 1[D1].	
Keywords: Time and Math	
Difficulty level	Intermediate
Estimated time to complete	30 Minutes
Topics	• Getting Started • Building the Node Network
Resources folder	chapter-x2
Tutorial units	**Centimeters**
Start tutorial file	x2-tut5-start.c4d
Final tutorial file	x2-tut5-finish.c4d

Frames	D4	D3	D2	D1
10				0-9
100			0-9	
1000		0-9		
10000	0-9			

(Frame)	Contant	MOD	Divide
1256	10	6	6
1256	100	56	5.6
1256	1000	256	2.56
1256			1.256

T1

Getting Started
Open the **x2-tut5-start.c4d** file and then hide all text objects except **AD-Digit**.

Building the Node Network
Follow the steps given next:

1. In **Object Manager**, select **Digital Counter** and then navigate to **Tags | CINEMA 4D Tags | XPresso** to add an **XPresso Expression** tag and open XPresso Editor.

2. Drag **AD-Digit** to XPresso Editor and then add the **Object Properties | Text** input port. Add a **Time** node by navigating to **New Node | XPresso | General**. Add the **Frame** output port to the **Time** node. Add a **Math** node by navigating to **New Node | XPresso | Calculate**.

3. Connect **Time | Frame** to first **Input** port of the **Math** node. On the **Attribute Manager | Parameter** tab of **Math** node, change **Input [2]** to **10**. On the **Attribute Manager | Node** tab of **Math** node, change **Function** to **Modulo**. Connect the **Output** port of the **Math** node to the **Text** port of the **AD-Digit** node. Play the animation; **AD-Digit** shows the numbers from **0** to **9**.

4. Un-hide **AD-Tens** in **Object Manager**. Drag it to **XPresso Editor** and then add the **Object Properties | Text** input port. Create a copy of the **Math** node and then on the **Attribute Manager | Parameter** tab of **Math** node, change **Input [2]** to **100**. Connect **Time | Frame** to first **Input** port of the newly added **Math** node.

5. Add a **Math** node by navigating to **New Node | XPresso | Calculate**. On the **Attribute Manager | Node** tab of **Math** node, change **Function** to **Divide** and **Data Type** to **Integer**. On the **Attribute Manager | Parameter** tab of the **Math** node, change **Input [2]** to **10**. Connect **Output** node of the first **Math** node to the **Input** port of the second **Math** node.

6. Connect the **Output** port of the **Math** node to the **Text** port of the **AD-Tens** node. Fig. T2 shows the node network. Play the animation to check the results.

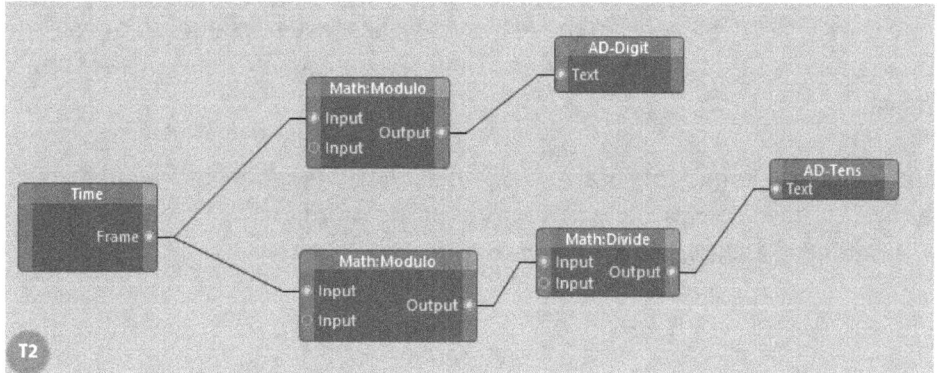

7. Un-hide **BD-Digit** in **Object Manager**. Drag it to **XPresso Editor** and then add the **Object Properties | Text** input port. Create a copy of the **Math:Modulo** node and then on the **Attribute Manager | Parameter** tab of the **Math** node, change **Input [2]** to **1000**. Connect **Time | Frame** to first **Input** port of the **Math:Modulo** node.

8. Add a **Math** node by navigating to **New Node | XPresso | Calculate**. On the **Attribute Manager | Node** tab of **Math** node, change **Function** to **Divide** and **Data Type** to **Integer**. On the **Attribute Manager | Parameter** tab of **Math** node, change **Input [2]** to **100**. Connect **Output** node of the first **Math** node to the **Input** port of the second **Math** node.

9. Connect the **Output** port of the **Math** node to the **Text** port of the **BD-Digit** node. Fig. T3 shows the node network.

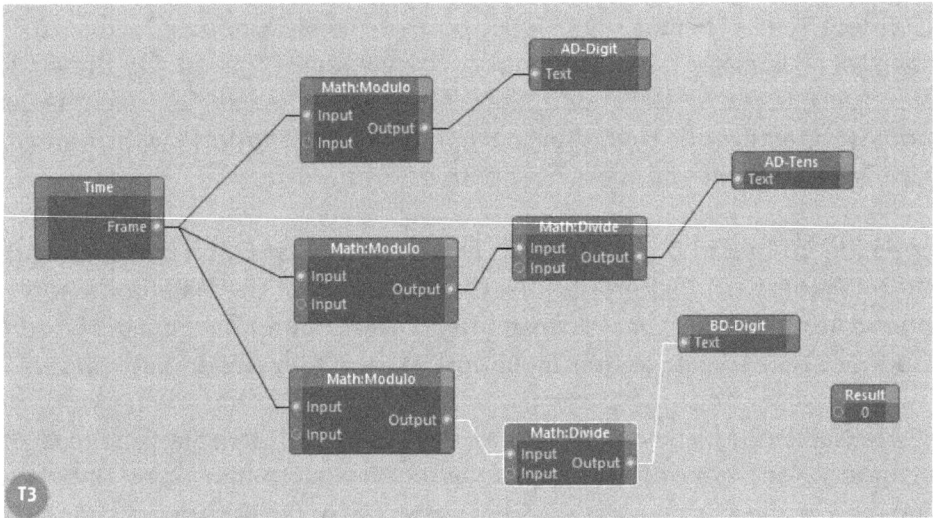

10. Un-hide **BD-Tens** in **Object Manager**. Drag it to **XPresso Editor** and then add the **Object Properties | Text** input port. Add a **Math** node by navigating to **New Node | XPresso | Calculate**.

11. On the **Attribute Manager | Node** tab of **Math** node, change **Function** to **Divide** and **Data Type** to **Integer**. On the **Attribute Manager | Parameter** tab of **Math** node, change **Input [2]** to **1000**. Connect **Time | Frame** to first **Input** port of the **Math** node.

12. Connect the **Output** port of the **Math** node to the **Text** port of the **BD-Tens** node. Now, increase the frame range and play the animation to see the counter in action. Fig. T4 shows the node network.

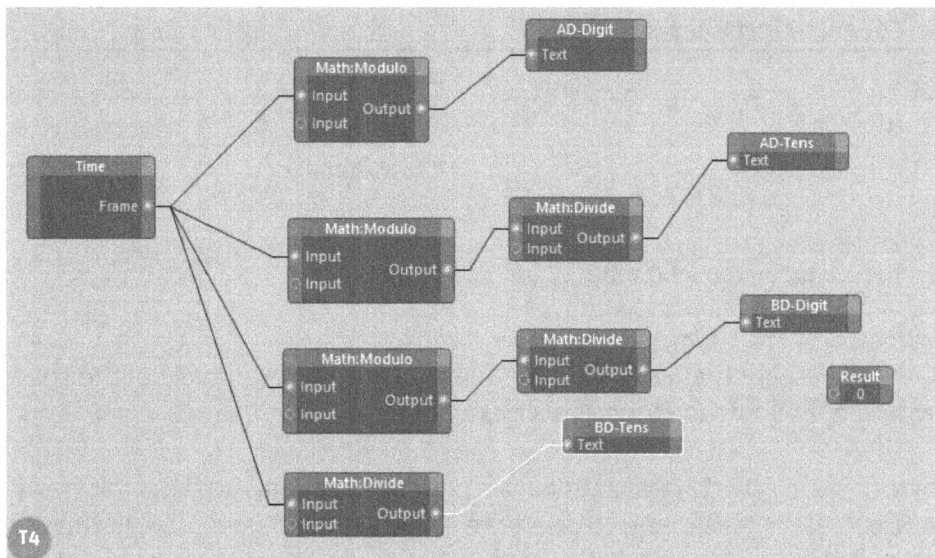

Tutorial 6: Animating a Table Fan

In this tutorial, we will animate a table fan with oscillating movement.

The following table summarizes the tutorial:

Table T6: Animating a Table Fan	
Flow:	
The objective of this tutorial is to rotate the blades of the fan as well as to give it oscillation motion from -x degrees to +x degrees. We will use the sinus function which is very useful in creating the oscillating movements. The Trigonometric node will give us access to the Sin function. Fig. T1 shows the graphical presentation of the Sin function. 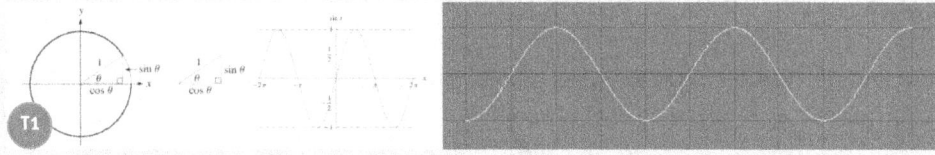 We will create three user data attributes to control the animation: SpeedMultiplier, Frequency, and Amplitude to control speed of the rotation of the blades, frequency of oscillation, and speed of the oscillation, respectively.	
Keywords: Time, Constant, Math, Trigonometric, Negate, and Range Mapper	
Difficulty level	Intermediate
Estimated time to complete	40 Minutes
Topics	• Getting Started • Building the Node Network
Resources folder	chapter-x2

Table T6: Animating a Table Fan	
Tutorial units	Centimeters
Start tutorial file	x2-tut6-start.c4d
Final tutorial file	x2-tut6-finish.c4d

Getting Started

Open the **x2-tut6-start.c4d** file.

Building the Node Network

First, we will create the **SpeedMuliplier** user control that will control the speed of the rotation. Follow the steps given next:

1. Select **Fan** in **Object Manager** and then choose **User Data | Add User Data** from the **Attribute Manager's** menu to open the **Manager User Data** dialog. In this dialog, change **Name** to **SpeedMuliplier**, **Unit** to **Degree** and then choose the **OK** button to add the user data control.

2. In **Object Manager**, select **Fan** and then navigate to **Tags | CINEMA 4D Tags | XPresso** to add an **XPresso Expression** tag and open **XPresso Editor**. Drag **Fan** from **Object Manager** to **XPresso Editor**. Also, drag **BladeAssembly** from **Object Manager** to **XPresso Editor**. Add the **Coordinates | Rotation | Rotation.H** input port to the **BladeAssembly** node. Add the **User Data | SpeedMuliplier** output port to the **Fan** node.

3. Add a **Time** node by navigating to **New Node | XPresso | General**. Add the **Real** output port to the **Time** node. Add a **Math** node by navigating to **New Node | XPresso | Calculate**. Connect **Time | Real** to **Math | first Input**. Connect **Fan | SpeedMuliplier** to **Math | second Input**.

4. On the **Attribute Manager | Node** tab of **Math** node, change **Function** to **Multiply**. Connect **Math | Output** to **BladeAssembly | Rotation.H**. Select **Fan** in **Object Manager** and then in the **Attribute Manager | User Data** tab, set **SpeedMuliplier** to **360**. This value will rotate the blades with a speed of **360** degrees/second. Now, play the animation; notice that the blades are now rotating. Fig. T2 shows the node network.

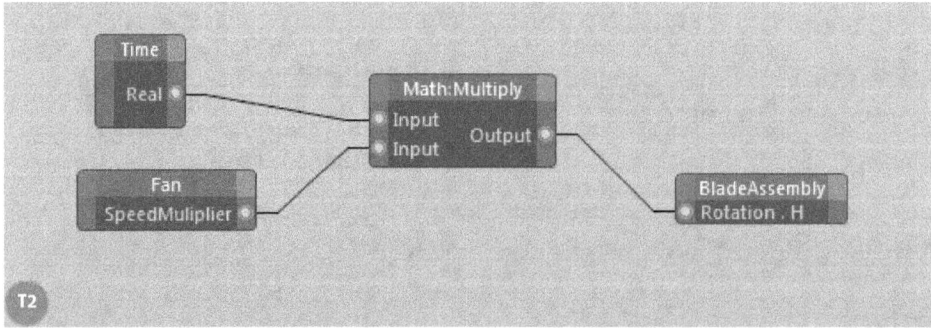

5. Add two user data controls to Fan: **Frequency** and **Amplitude**. For **Frequency**, set **Unit** to **Real** and for **Amplitude**, set **Unit** to **Degree**. Now, add these ports as output ports to the **Fan** node.

→ *What Next?*
*Now, we will use the **Trigonometric** node to create the sinus oscillating movement. The default function of this node is **Sin** and that is what we need. The fan will oscillate back and forth while the animation is being played. The temporal value we are receiving from the **Real** port of the **Time** node needs to be multiplied with the frequency value in order to calculate how quick motor will oscillate.*

6. Add a **Trigonometric** node by navigating to **New Node | XPresso | Calculate**. Add a **Math** node by navigating to **New Node | XPresso | Calculate**. In the **Attribute Manager | Node** tab of **Math** node, change **Function** to **Multiply**. Connect **Time | Real** to **Math | upper Input** and **Frequency** to **Math | lower Input**. Connect **Math | Output** to **Trigonometric | Value**.

→ *What next?*
*Since, we are looking for the sinus oscillation, we need to repeat the oscillation after a period of **Pi** to create a believable looking animation. Therefore, we need to multiply the data supplied by the **Real** port with **Pi**.*

7. Add a **Constant** node by navigating to **New Node | XPresso | General**. On the **Attribute Manager | Node** tab of **Constant** node, change **Value** to **3.142**. Add a **Math** node by navigating to **New Node | XPresso | Calculate**. On the **Attribute Manager | Node** tab of the **Math** node, change **Function** to **Multiply**. Now, make the connections as shown in Fig. T3.

→ *What next?*
*The **Trigonometric** node supplied perfect oscillation motion in 0 to 1 range. Now, we need to convert this range to rotation range using the **Range Mapper** node. Let's do it.*

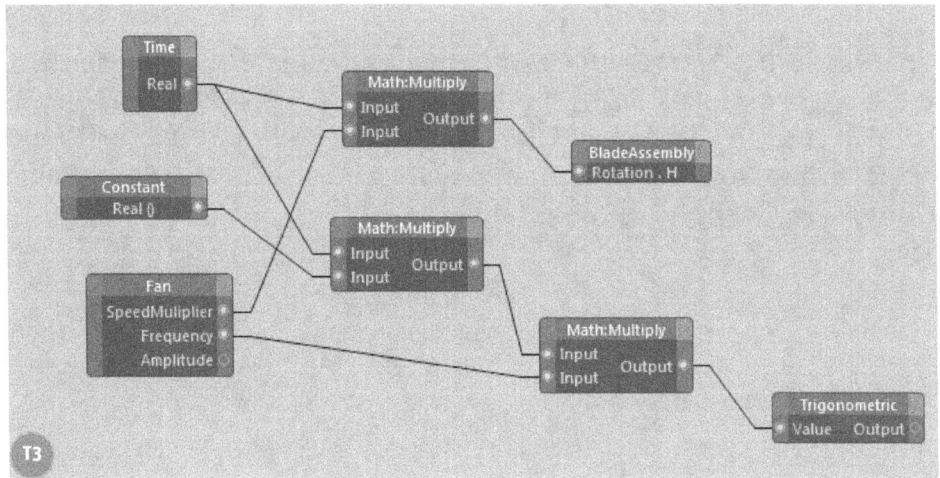

8. Add a **Range Mapper** node by navigating to **New Node | XPresso | Calculate**. Add the **Output Upper** and **Output Lower** input ports to it. On the **Attribute Manager | Node** tab of the **Range Mapper** node, set **Output Range** to **Degree**. On the **Parameter** tab, change **Input Lower** to **1** and **Input Upper** to **-1**.

What just happened?
We need to convert sinus range [-1 to +1] to the rotation values in degrees. Therefore, we selected **Degrees** unit for **Output Range**.

9. Connect **Trigonometric | Output** to **Range Mapper | Input**. Connect **Fan | Amplitude** to **Range Mapper | Output Upper**. Drag **TopParts** from **Object Manager** to **XPresso Editor** and then add the **Coordinates | Rotation | Rotation.H** input port to the **TopParts** node. Connect **Range Mapper | Output** to **TopParts | Rotation.H**.

10. Select **Fan** in **Object Manager** and then in the **Attribute Manager | User Data** tab, set **Frequency** to **0.5** and **Amplitude** to **45**. Now, if you play the animation, you will notice that fan is not oscillating as expected.

What just happened?
The fan is only oscillating between 0 to 45 degrees range but we are expecting rotation in -45 to +45 degrees range. To get -45 degrees value, we will use the **Negate** node with the **Amplitude** value and then we will feed this value to the **Output Lower** port of the **Range Mapper** node.

11. Add a **Negate** node by navigating to **New Node | XPresso | Calculate**. Connect **Fan | Amplitude** to **Negate | Input** and then connect **Negate | Output** to **Range Mapper | Output Lower**.

12. Play the animation; one thing you would notice that the fan blades are rotating in clockwise direction. To fix this, set **SpeedMultiplier** to **-360** but CINEMA 4D will not let you enter the negative value as we did not set a negative range for this user data control.

13. Choose **User Data | Manage User Data** from the **Attribute Manager's** menu to open the **Manager User Data** dialog. In this dialog, select **SpeedMultiplier** from the left pan and then on the right pan, set **Min** and **Max** to **-10000** and **+10000**, respectively. Now, you can enter negative values for the **SpeedMultiplier** control. Fig. T4 shows the node network.

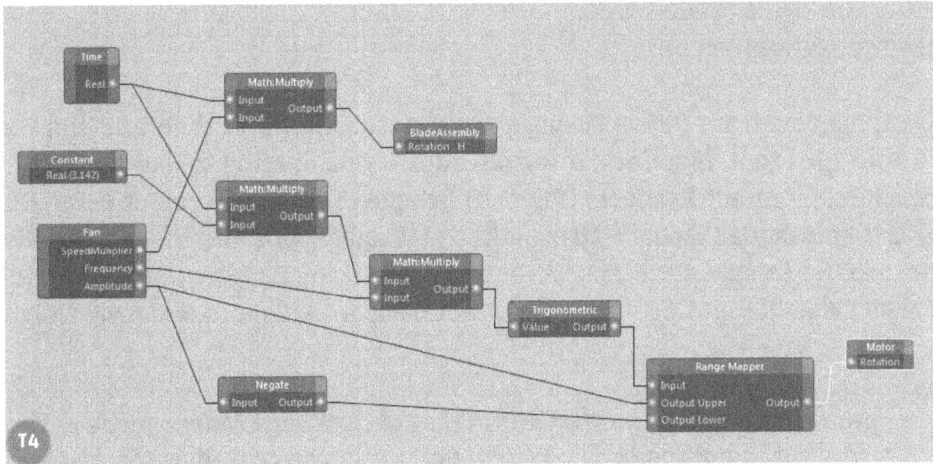

Tutorial 7: Dynamically Controlling Effector Weight

In this tutorial, we will dynamically control the weight of an effector using the **Effector [Sample]** node.

The following table summarizes the tutorial:

Table T7: Dynamically Controlling Effector Weight	
Flow: The objective of this tutorials is to dynamically change the weight of the **Random** effector attached to a **Cloner**. To achieve this, we will use animation time as input range and then remap this range to **0 %** to **100%** range as weight of the effector takes percent values. We will use the **Data** node to read the **Global Matrix** of **Cloner** and then feed it to the **Sample** node.	
Keywords: Cloner, Time, Data, Range Mapper, Sample, and Random	
Difficulty level	Intermediate
Estimated time to complete	20 Minutes
Topics	• Getting Started • Building the Node Network
Resources folder	chapter-x2
Tutorial units	**Centimeters**
Start tutorial file	**x2-tut7-start.c4d**
Final tutorial file	**x2-tut7-finish.c4d**

Getting Started

Open the **x2-tut7-start.c4d** file. In **Object Manager**, double-click on **XPresso** tag to open **XPresso Editor**. You will notice that some of the nodes in **XPresso Editor** are from the example we worked in the **Motion Graphics Data** section of this chapter. We will build on these nodes to see functioning of the **Sample** node.

Building the Node Network
Follow the steps given next:

1. Drag **Random** from **Object Manager** to **XPresso Editor** and then add the **Object** output port to it. Now, add a **Sample** node by navigating to **New Node | Motion Graphics**. Connect **Random | Object** to **Sample | Effector**. Connect **Data | Global Matrix** to **Sample | Global Matrix**. Add the **Weight** input and the **Weight** output port to the **Sample** node. Also, create a copy of the **Random** node and add the **Falloff | Weight** input port to it. Connect **Sample | Weight** to **Random | Weight**.

> *What next?*
> Now, we need to connect the **Output** port of the **Range Mapper** node to **Weight** port of the **Sample** node. The **Weight** port takes a percent value therefore we will add a **Range Mapper** node to convert the real values to percent values.

2. Add a **Range Mapper** node by navigating to **New Node | XPresso | Calculate**. Connect **Range Mapper | Output** to the **Input** port of the new **Range Mapper** node. Connect **Output** port of the new **Range Mapper** node to the **Weight** input port of the **Sample** node. On the **Attribute Manager | Parameter** tab of the new **Range Mapper** node, set **Input Upper** to **100** and **Input Lower** to **0**. On the **Node** tab, set **Output Range** to **Percent**.

> *What just happened?*
> The old **Range Mapper** node is outputting values in the 0 to 100 range. Therefore, we need to set the **Input Upper** attribute to 100 and **Output Upper** to 100%. As a result, 0 to 100 range will be mapped to 0% to 100% range.

3. Play the animation; notice that the weight of the effector increases from **0** to **100** as **CTI** reaches from frame **0** to **90**. Fig. T1 shows the node network.

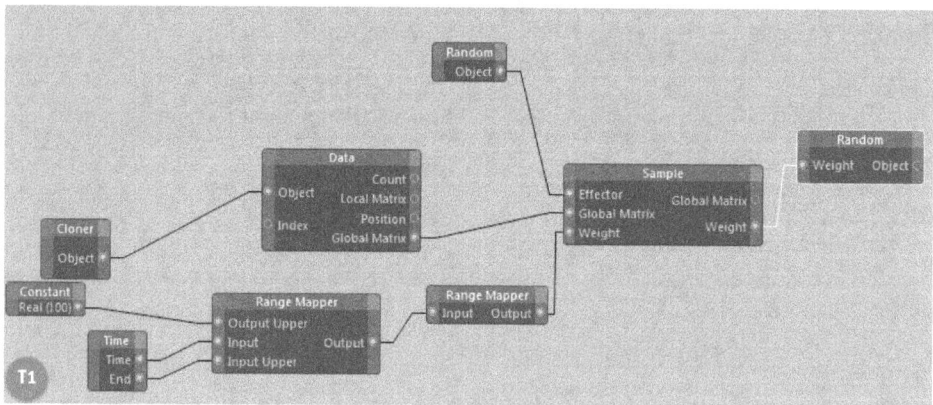

Tutorial 8: Tracking Dynamic Clones with Camera

In this tutorial, we will track a dynamic clone using the camera.

The following table summarizes the tutorial:

Table T8: Tracking a Dynamic Clone with Camera	
Flow: The objective of this tutorial is to attach a **Null** object to a clone. Camera will keep that clone in focus for some time and then focus will shift to another clone as animation is being played. To build this dynamic system, we need to add a **Target** tag to the camera and then will make **Null** as a target. Then, we will use the **Data** node to read **Global Matrix** of **Cloner** and feed it to the **Null** object which is the target object for the camera.	
Keywords: Cloner, Vector2Reals, Math, Time, Range Mapper, and Data	
Difficulty level	Intermediate
Estimated time to complete	20 Minutes
Topics	• Getting Started • Building the Node Network
Resources folder	chapter-x2
Tutorial units	**Centimeters**
Start tutorial file	x2-tut8-start.c4d
Final tutorial file	x2-tut8-finish.c4d

Getting Started

Open the **x2-tut2-start.c4d** file.

Building the Node Network

To camera track a clone in a cloner setup, first we need a camera target; we will use a **Null** object for that. Follow the steps given next:

1. Create a **Null** object and then rename it as **targetCamera**. On **Attribute Manager | Null | Object** tag, set **Display** to **Circle** so that we can see it better. Select **Camera** in **Object Manager** and then navigate to **Tags | CINEMA 4D Tags | Target** to add a **Target** tag to the **Camera**. Now, drag **targetCamera** from **Object Manager** to **Target Object** field of the **Attribute Manager | Target | Tag** tab.

What next?
*Now, we need to attach **Null** to one of the clones. Let's do it in **XPresso Editor**.*

2. Select **Camera** in **Object Manager** and then navigate to **Tags | CINEMA 4D Tags | XPresso** to add an **XPresso Expression** tag and open **XPresso Editor**. Drag

targetCamera and **Cloner** from **Object Manager** to **XPresso Editor**. Add a **Data** node by navigating to **New Node | Motion Graphics**.

3. Add the **Object** output port to **Cloner** and then connect **Cloner | Object** to **Data | Object**. Add the **Global Matrix** output port to **Data** and then add **Global Matrix** input port to the **targetCamera**. Now, connect **Data | Global Matrix** to **targetCamera | Global Matrix**.

What just happened?
We already know that the **Data** node outputs **Global Matrix** of a clone based on the value supplied to **Index** input port of the **Data** node. The default value for this port is 0 and this is the reason you will notice that clone number 1 has the camera focus. Select the **Data** node and then in **Attribute Manager | Data | Parameter** tab, change the value of **Index**; the camera focus will shift as you change the value.

What next?
Let's now automate this process. We will remap 0 [first clone will have index 0] to **Number of Clones minus 1** range to the 0 to 3 seconds [default 90frames/30fps=3] range so that camera switch focus to each clone as CTI moves from frame 0 to frame 90. In other words, we need to remap 0 to 7 range to 0 to 90. Let's build the network.

4. Add the **Object Properties | Count | Count** output port to **Cloner** and then add a **Time** node by navigating to **New Node | XPresso | General**. Add the **End** output port to the **Time** node which will output the value 3 seconds. Now, Add a **Range Mapper** node by navigating to **New Node | XPresso | Calculate**.

5. Add the **Input Upper** and **Output Upper** input ports to **Range Mapper**. Connect **Time | Time** to **Range Mapper | Input**. Connect **Time | End** to **Range Mapper | Input Upper**. Connect **Cloner | Count** to **Range Mapper | Output Upper**. Connect **Range Mapper | Output** to **Data | Index**.

What next?
Now, if you play the animation, you will notice that **Camera** is not switching the focus as expected. The reason for this is that the **Output Upper** port is expecting a real value whereas the **Cloner** node is feeding a vector to it. Since, we are using a grid array of clones we need to convert the vectors to reals. Let's do it.

6. Delete the connection between **Cloner** and **Range Mapper**. Add a **Vector2Reals** node by navigating to **New Node | XPresso | Adapter**. Connect **Cloner | Count** to **Vector2Reals | Input**. Add a **Math** node by navigating to **New Node | XPresso | Calculate**. Add a third **Input** port to the **Math** node. Connect **Vector2Reals's X, Y,** and **Z** ports to the **Input** ports of the **Math** node.

7. On the **Node** tab of the **Math** node, set **Function** to **Multiply**. Now, connect **Math | Output** to **Range Mapper | Output Upper**. Now, play the animation, you will notice

that the camera is switching focus to all clone one by one. Fig. T1 shows the node network.

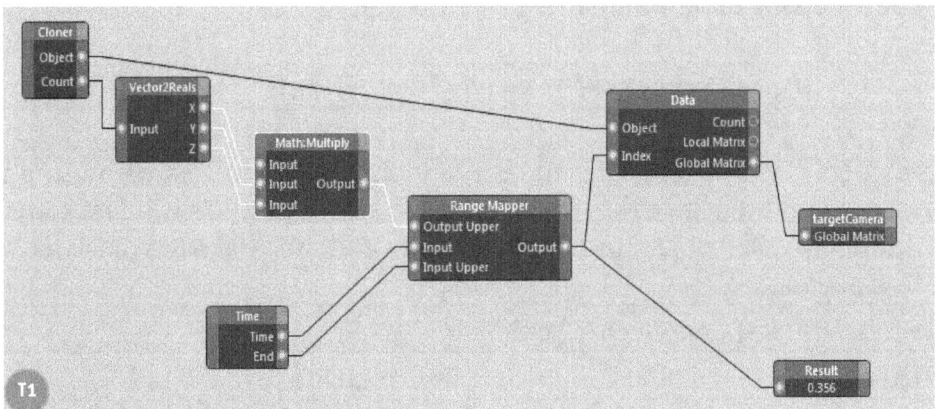

Note: Range Mapper Output
The **Range Mapper** node is outputs a real value with decimals but the **Index** port of the **Data** node automatically considers integer part of the value passed to it.

Tip: Index Number
You can display index numbers of clone in the 3D view [Fig. T2]. To do this, On the **Attribute Manager > Cloner > Transform** tab, set **Display** to **Index**.

Tutorial 9: Baking Animations With the Help of Global Matrix Data

In this tutorial, we will bake motion of the camera that is created using the **Vibrate** tag. The following table summarizes the tutorial:

Table T9: Baking Animations With the Help of Global Matrix Data	
Flow: The objective of this tutorial is to give random motion to a camera using the **Vibrate** tag and then bake the movement into keyframes. We will first transfer the motion to a **Null** object using **Global Matrix** and then bake the motion using the **Cappuccino** tool.	
Keywords: Vibrate, Cappuccino, and Null	
Difficulty level	Intermediate
Estimated time to complete	20 Minutes
Topics	• Getting Started • Baking the Motion
Resources folder	**chapter-x2**
Tutorial units	**Centimeters**
Start tutorial file	**x2-tut8-finish.c4d**
Final tutorial file	**x2-tut9-finish.c4d**

Getting Started

Open the **x2-tut8-finish.c4d** file. This is the finished file of Tutorial 2.

Baking the Motion

Follow the steps given next:

1. Make sure you are not viewing the scene through **Camera**. Create a **Null** object. On **Object Manager**, select **Camera** and then navigate to **Tags | CINEMA 4D Tags | Vibrate** to add a **Vibrate** tag to the **Camera**. On the **Attribute Manager | Vibrate | Tag** tab, select the **Enable Position** check box and then set the **Amplitude X, Y,** and **Z** fields to **100** each.

   → *What next?*
   *Play the animation; notice that the camera is now moving in random patterns. This is the movement we want to bake. Now, we will use **XPresso** to connect this movement to **Null**.*

2. On **Object Manager**, select **Null** and then navigate to **Tags | CINEMA 4D Tags | XPresso** to add an **XPresso Expression** tag and open **XPresso Editor**. Drag **Null** and **Camera** from **Object Manager** to **XPresso Editor**. Add the **Global Matrix** output port to the **Camera** node and the **Global Matrix** input port to the **Null** node.

3. Connect **Camera | Global Matrix** to **Null | Global Matrix**. Notice the **Null** jumps to the location of the **Camera** [Fig. T1]. Change the **Display** type of the **Null** to a shape like **Star** so that you can see it properly.

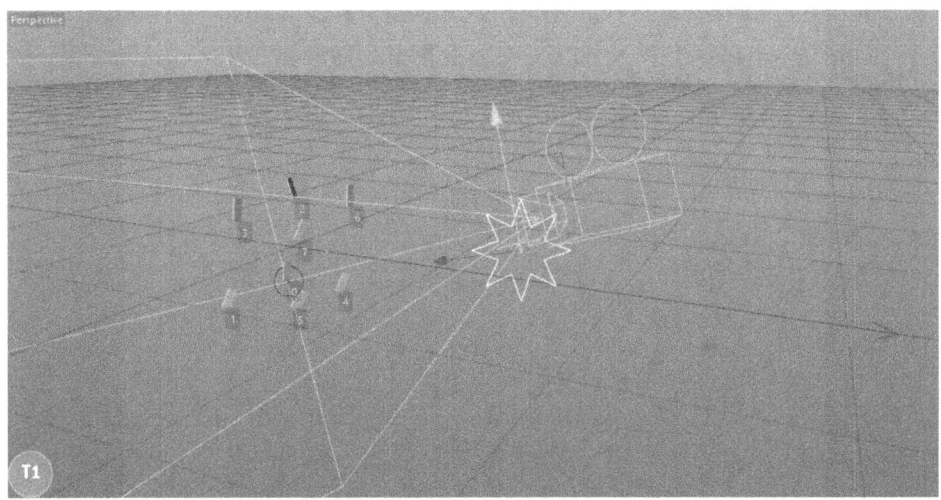

> *What next?*
> *Play the animation; you will notice that **Null** following the **Camera** movement. Now, we will use the **Cappuccino** tool to bake the animation.*

4. Choose **Manager | Cappuccino** from the **Character** menu; the **Cappuccino** window appears. Turn off the **Scale** and **Rotation** checkboxes and then click the **Start Realtime** button. Make sure **Null** is selected and **CTI** is at frame **0**.

5. Press and hold **LMB** in the view [don't release the button], notice that animation is being played and keyframes are being created. Now, release **LMB** when animation completes [refer to Fig. T2]. Now, delete the **Vibrate** tag, also delete the nodes from **XPresso Editor**. Make **Camera** child of **Null**. Now, play the animation; notice that we have now exact same motion.

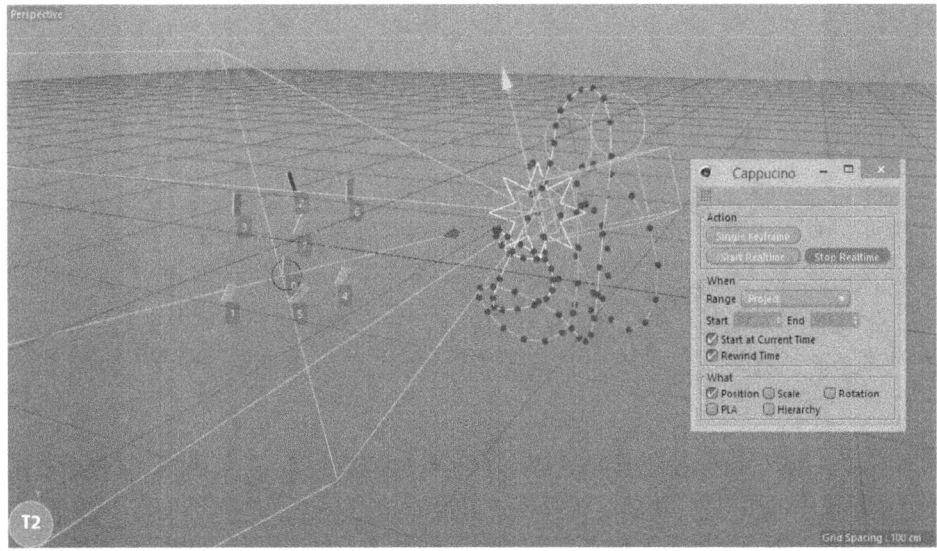

What just happened?

Cappuccino is a motion capture tool in CINEMA 4D. You can use this tool to quickly create realistic animations for your 3D characters and objects by recording mouse movements in the viewport. Here, when I clicked the **Start Realtime** button, CINEMA 4D prepared **Cappuccino** for multi frame recording. This button tells **Cappuccino** to start recording as soon as **LMB** is pressed within the viewport and stop when it is released again.

Quiz

Multiple Choice
Answer the following questions, only one choice is correct.

1. Which of the following is not a **XPresso** class?

   A. XPresso   B. Hair & Fur
   C. Dynamics   D. Thinking Particles

2. Which of the following is not a group of the **XPresso** class?

   A. Adapter   B. Bool
   C. Calculator   D. Logic

3. Which of the following algorithm is not supported by the **Noise** node?

   A. Noise   B. Turbulence
   C. Fractal   D. Wavy Turbulence

4. Which of the following vector is not part of a matrix?

   A. V0   B. V1
   C. V2   D. V3

Fill in the Blanks
Fill in the blanks in each of the following statements:

1. The _____ node is used to read color values at specific coordinates.

2. The _____ is the area inside which the objects fits.

3. The _____ node allows you to detect collision between two polygonal objects.

4. The **Color Temperature** node is used to convert _____ light source temperatures to _____ values.

5. The _____ node uses a limited number of objects in an expression.

6. The _____ node is a boolean switch with a built-in time delay mechanism.

7. The _____ node is used to access information about an object's point.

8. The _____ node allows you to generate random numbers.

9. The _____ node helps you in finding information about an object's number of polygons and their positions.

10. The _____ node is like the _____ node and is used for trouble shooting.

11. This **Matrix2Vectors** node allows you to convert a matrix into four components. These components are **Offset** [also known as _____], _____, _____, and _____.

12. The _____ node allows you to perform calculations using some of the in-built math functions.

13. The _____ node allows you to remap a value from one range to another.

14. The _____ node provides a switch statement type of selection control mechanism.

15. The _____ node allows you to access the MoGraph falloff functionality.

True or False
State whether each of the following is true or false:

1. The **Filename** port of the **Bitmap** node defines the absolute path to the image whose color values you intend to read.

2. The **Bounding Box** node works with the polygonal and primitive objects.

3. The **Condition** node allows us to navigate through two or more states.

4. The **FlipFlop** node acts like a boolean switch.

5. The **Memory** node allows you to use previous states and values.

6. The **Collision** node generates a ray between two points and checks whether its hits a polygon object.

7. This **Data Type** node allows you to convert one data type to another.

8. Most of the nodes in CINEMA 4D uses radians instead of degrees.

9. The **Cross Product** node creates a vector that is perpendicular to the plane of the two input vectors.

10. The **Iterate** node represents the Do While loop found in many programming languages.

11. The **Sample MoGraph** node lets you read all relevant data or clone generating objects as well as the corresponding effectors.

12. The **Sample** node allows you to use output values of an effector.

Challenges

Challenge 1
Calculate the normal vector of a triangular Polygon object [see Figure P1].

Hint

*Create a **Polygon** object and then On the **Attribute Manager | Object** tab, select the **Triangle** check box. Make **Polygon** editable by pressing **C**. Now, use the **Point** node to calculate the position of the points.*

Challenge 2

Create a **Cube** object with default dimensions and then calculate the size of the **Cube's** bounding box.

Challenge 3

Create a **Cube** and animate its **Y** position from **0** to **600** for **90** frames. Apply a material to it and enable the **Luminance** channel. Now, flicker **Luminance Strength** every **10** frames for **0.2** seconds.

Hint

*Use the **Math, MonoFlop, Time,** and **Compare** nodes.*

Challenge 4

Create a **Cube** and animate its **Y** position from **0** to **600** for **90** frames. Now, add a **Cogwheel** object and change its **Root Radius** from **0** to **200** linearly every **10** frames.

Hint

*Use the **Freeze** node to pause the radius change for **10** frames, use the **Range Mapper** node to remap **0-600** to **0-200**.*

Challenge 5

Create a **Cube** object and then change its scale randomly [between 0 to 1] using the **Noise** node as you play the animation. The **Noise** node should use point vectors of the **Cube** object to generate noise coordinates.

Hint

*Use the **Iteration** and **Point** nodes.*

Challenge 6

Create a Sphere object, assign the red color to it, and then rename it as **redSphere**. Similarly, create another **Sphere** object with blue color and name it **blueSphere**. Keep distance between the two spheres. Calculate the mid point between two spheres and then place a **Null** object at the center point. As you move spheres, the **Null** object should remain at the center.

Hint
Notice in Figure P2, **z** is the midpoint of the two vectors **x** and **y**. The length of the vector from **x** to **y** is y-x and from **z** to **x** is z-x. Considering **z** as midpoint of **xy**, we can say:

z-x=y-z
2z=x+y
z=(x+y)/2

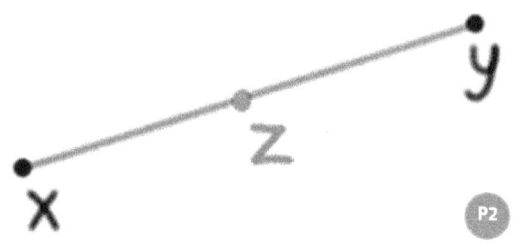

Challenge 7
Create a **Cube**, a **Cone**, and a **Platonic** object in the scene [see Figure P3]. Use the **Cube** and **Cone** objects to drive the position and rotation of the **Platonic** object, respectively.

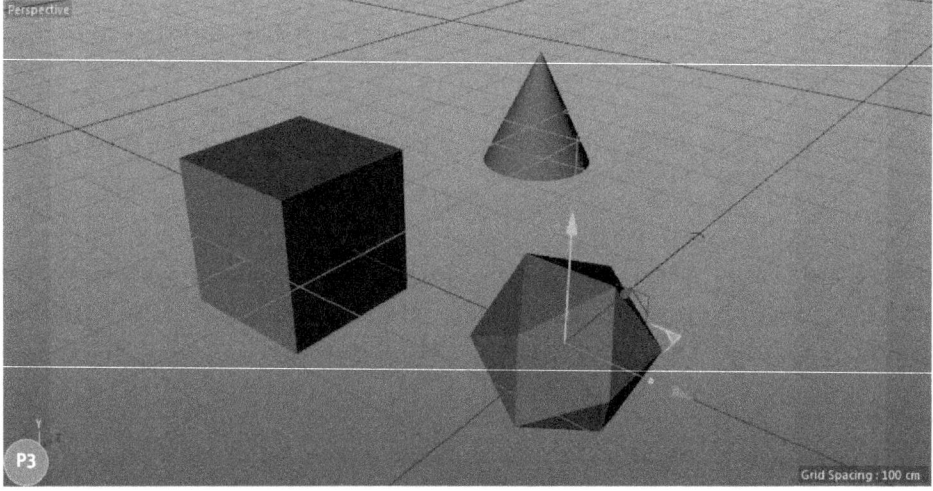

Hint
Use **Matrix2Vectors** and **Vectors2Matrix** nodes.

Summary
In this unit, the following topics are covered:

- **XPresso class nodes**
- **MoGraph class nodes**

Appendix: Quiz Answers

Chapter X1: XPresso Editor

Fill in the Blanks
1. XPresso, **2.** 0, 2*Pi, **3.** Double-click, **4.** XGroups

True/False
1. T, **2.** F, **3.** T, **4.** F, **5.** F

Chapte X2: XPresso Nodes

Multiple Choice
1. B, **2.** C, **3.** C, **4.** A

Fill in the Blanks
1. Bitmap, **2.** bounding box, **3.** Collision, **4.** Kelvin, RGB, **5.** Link List, **6.** MonoFlop, **7.** Point, **8.** Noise, **9.** Polygon, **10.** Spy, Result, **11.** V0, V1, V2, V3, **12.** FloatFunc, **13.** Range Mapper, **14.** Condition, **15.** Falloff

True/False
1. T, **2.** F, **3.** T, **4.** T, **5.** T, **6.** F, **7.** F, **8.** T, **9.** T, **10.** F, **11.** F, **12.** T

This page is intentionally left blank

Index

Symbols

.xgr extension X1-10

A

Absolute node X2-28

B

Bitmap node X2-2
Boole node X2-27
Bounding Box node X2-3

C

Clamp node X2-28
C.O.F.F.E.E. node X2-39
Collision node X2-5
Colorspace node X2-28
Color Temperature node X2-6
Compare node X2-40
Condition node X2-40
Constant node X2-7
Cross Product node X2-39

D

Data node X2-46
Default Save Location of the Pools X1-12
Degree node X2-29
Distance node X2-30
Dot Product node X2-36

E

Equal node X2-41

F

Falloff node X2-44
FlipFlop node X2-8
FloatFunc node X2-32
FloatMath node X2-32
Formula node X2-30
Freeze node X2-8

G

General category X1-7

H

Hierarchy node X2-42

I

Invert node X2-33
Is Null node X2-41
Iterate node X2-43

L

Link List node X2-9

M

Material node X2-43
Math node X2-31
Matrix X2-38
Matrix2HPB node X2-39
Matrix2Vectors node X2-24
MatrixMulVector node X2-39
Memory node X2-9
Mix node X2-33
MoGraph Selection node X2-47
MoGraph Weight node X2-47
MonoFlop node X2-11

N

Negate node X2-33
Sound X2-20
Noise node X2-13
Normals X2-37
NOT node X2-27

O

Object Index node X2-15
ObjectList node X2-44
Object node X2-14
Order node X2-41
Override node X2-42

P

Point node X2-13
Polygon node X2-16
Ports X1-6
Python node X2-40

R

Random node X2-17
Range Mapper node X2-34
Ray Collision node X2-18
Reals2Vector node X2-25
Reference node X2-19
Remark node X2-20
Removing Ports Individually X1-16
Result node X2-20

S

Sample node X2-47
Selection node X2-44
Set Driven Keys X1-22
Spline node X2-21
Spy node X2-21
Switch node X2-28

T

Tag node X2-44
Time node X2-22
Track node X2-22
Trigonometric node X2-34

U

Universal node X2-25
Unused Ports X1-16

V

Vector2Matrix node X2-39
Vector2Reals node X2-26
Vectors X2-36
Vectors2Matrix node X2-26
Vertex Color node X2-24
Vertex Map node X2-24

X

XGroups X1-3
X-Manager X1-8
X-Pool tab X1-6
XPresso Editor X1-2
XPresso Editor Contextual Menu Commands X1-14
XPresso Editor Menu Commands X1-11
XPresso Expressions X1-2
XPresso Manager X1-8
XPresso Pool X1-9